시적 체험
혹은 언어의 은밀한 불길

L'Expérience Poétique ou le feu secret du langage

L'Expérience Poétique ou le feu secret du langage

시적 체험

혹은

언어의 은밀한 불길

롤랑 드 르네빌 지음

송덕호 옮김

전북대학교출판문화원

일러두기

1. 원주와 역주는 각주로 표시했으며, 원주는 1, 2, 3…, 역주는 *, **로 구분했다.
2. 프랑스 시는 번역시와 원시를 함께 실었다.
3. 이 책은 Rolland de Renéville, *L'Expérience Poétique*(À la Baconnière, 1938)를 저본으로 했다.

차례

카실다 미라코비치에게

서문

인간이 존재하고 사유하기 시작한 이래로 인간의 정신 활동 대부분은 그 본성과 궁극적인 목적에 대하여 면밀한 분석의 대상이 되어왔다. 이 문제에 대한 고찰 방법들이 창안되고, 그것을 반영하기 위한 여러 체계도 수립되었다. 그 각각의 정신 활동들은 저마다의 내용과 기능으로부터 법칙을 끌어내려고 노력함으로써 고양되었다. 기이한 것은 그 가운데 하나의 정신 활동이 가장 보편적으로 행해져 왔으면서도 그에 대하여 언급할 필요를 느낀 사람이 아무도 없었으며, 일반적인 모든 관찰로부터 소외되어 있었다는 사실이다. 그것은 1870년에 로트레아몽Lautréamont이 갈파한 대로 "학문을 위한 철학은 존재하지만, 시詩를 위한 철학은 존재하지 않는다"는 것이다. 이 지적이 여전히 진실이라는 것은 널리 알려진 사실이다.

그렇다면, 시는 단지 무상의 행위에 지나지 않으며, 그 영향 범위를 주장할 권리도 없이 여타의 모든 정신 활동에 부수적으로 첨가되고, 시를 접하는 일을 지적 사치로 간주하여야 하며, 그에 대해 인간은 인식의 영원한 문제에 최소한의 기여도 기대할 수 없다는 말인가? 그런데도 시의 실재實在 자체는 모종의 위험스러운 문제들에서 비롯하는 듯하며, 우리는 그 문제들이 거부되는 것을 감수할 위험을 무릅쓰면서까지 우리의 일반 추론 능력 속에 그것들을 보유하고 있다.

훌륭한 가설들을 경험으로 증명할 희망이 없는 경우에는, 그러한 문제를 시도해 보기만 해도, 자신의 고유한 불길을 섭취할 준비가 되어있는 사유의 영역 속에서는 시가 제기된다.

우리는 무엇을 알고 있는가? 우리가 존재한다는 확신은 할 수 있겠는가? 잠시 전에 존재했던 상태, 또 잠시 후에 될 상태와 실제로 다른 우리는 외부 세계의 여러 현상과 우리의 여러 의식 상태들이 영원히 소멸하는 상황에 직면해 있다.

인간존재와 사물들의 감동적이고 기묘한 격자를 통하여 우리는 어떤 심연의 가혹한 현존을 예감한다.

우리의 사랑, 증오, 또는 권태의 대상들은 숲속의 동물들을 생포하기 위해 커다란 구덩이들 위에 설치해 놓은 나뭇가지들과 어느 정도 유사하다. 그러나 그것은 진정 우리가 삼켜지도록 운명지어진 헤아릴 길 없는 무無 속에 있는 듯하다.

인식이라는 이름에 걸맞은 사람에게서 발견되는 인식에 대한 갈망은 그의 최소한의 사유 뒤편에 항구적으로 존재하는 무한의 고통에 연결된 것 같다. 따라서 'distraire'(기분을 전환하게 하다, 즐겁게 하다)라는 단어가 어원상 'arracher'(분리하다)를 의미한다는 사실을 생각해 보면, 인간은 오락, 즉 인간을 쫓아다니는 번뇌에서 벗어나려는 시도를 열망하고 있다는 생각을 품게 된다.

강제 노동을 제외하고, 기분을 전환한다(se distraire)거나 알려고 노력한다는 것은 인간 존재들을 그들의 유약함이나 품위에 따라 구분하는 두 가지의 점유 범주이다.

즐기는 사람들은 삶이나 책 속에 있는 문학의 무가치한 복합성에 맡겨버리고, 우리는 인식의 드라마를 그 가장 잔혹한 결과들 안에서 기어코 펼쳐보려 하는 사람들에게 주의를 기울여 보도록 하자.

인식 행위는 서로 간에 일시적으로 제한된 어떤 주체와 객체의 공존을 상정하며, 그 둘을 용해해야 한다. '이해한다는 것은 곧 동등해지는 일'이라는 세간의 말이 있다. 나는 이 말이 충분하지 못한 것 같다. 좀더 실제로 말한다면, 인식이란 참으로 소유하는 일이며, 관찰하는 주체와 관찰되는 객체 사이의 모든 한계를 파기하는 일이다. 추상적이거나 순전히 사변적인 인식은 철학 교수의 환각 속에나 머물러 있다. 진정한 인식은 체험적이다. 그것은 사랑의 작업이다.

따라서 이러한 전제들의 필연적인 발전에는, 자신이 필수불가결한 일부를 이루고 있는 비영속적인 세계의 근원과 법칙들을 인식하여 지배하고자 하는 인간이 그의 사유를 이 세계의 씨실처럼 드러나는 무無로 향하도록 요구된다. 그는 절대絶對를 인식의 대상으로 삼을 준비가 되어있다고 말할 수 있다.

그것은 본래 비극적으로 부조리한 야망이다. 왜냐하면, 한계를 묵인할 수 없는 절대는 그의 밖에 자리한 주체의 존재를 허용할 수 없을 것이며, 그 존재를 대상으로 삼으려 하기 때문이다. 따라서 우리는 내가 인식의 드라마라고 명명했던 다음과 같은 딜레마에 이르게 된다. 즉 탐구될 만한 가치가 있는 유일한 것인 절대 진리는 탐구 대상이 될 수 없는 바로 그 유일의 것이라는 것이다.

약간은 쉬운 길을 통해 이 가혹한 불가지론不可知論에 이르게 된 나의 야심은 전적으로 그에 매달리자는 것이 아니다.

고대의 철학이 설파하고 있는 것처럼, 우리가 절대와 비교하여 신의 말씀으로 형성된 일종의 꿈에 지나지 않는 것이 사실이라면, 우리는 그 사실로부터 일시적인 우리 존재의 내면 구조가 그것을 구상한 실재(신)의 구조와 유사하게 대응하고 있다는 것을 논리적으로 연역해낼 수 있다. 따라서 우리는 창조주의 능력을 잠재적으로 보유하고 있는 인간의 소우주라는 개념에 이르게 된다.

천체의 행성들과 생물들, 그리고 인종들은, 우리로서는 헤아릴 길 없는 무無를 잠깐 밝혀주도록 운명지어진 광대무변한 시편의 단어들을 이루고 있다는 이유로, 우리는 인간들이 시법詩法이라 명명한 것의 조건들에 관한 연구로 세계의 출현과 소멸의 메커니즘을 유추에 따라 포착할 수 있으리라는 희망을 품을 권리가 없는 것일까? 우리가 인지한 소우주와 대우주 사이의 관계는 그것을 열망할 모든 가능성을 우리에게 남겨 주고 있다.

시인은 신이 우리를 구상한 방식으로 자신의 몽상을 형상화한다. 그리고 우리가 우리의 의식으로는 절대에 접근하기를 바랄 수 없으며, 그의 앞에서는 우리의 개성을 보존할 수 없음에도 불구하고, 우리에게는 위에서 인용한 경구가 설명해 주고 있는 인식의 가능성이 하나 남겨져 있다. 그것을 역으로 하면 "동등해지는 것이 곧 이해하는 일이다"는 것이다.

우주의 기원에 관한 인류의 사변적인 노력이 도달하여 모든 형이상학 속에서 발견되는 공리는, 만약에 그것이 유추적인 사고에 의해 발견할 수 있는 은밀한 뿌리들을 통해 우리 인간존재와 관련짓지 않은 것이라면, 그것은 어쩔 수 없이 증거 없는 가설로 머물러 있어야만 했을 것이다. 그러나 외견상 모든 세계와 동떨어진 독립적인 체험의 경우에는 그 어느 것도 관찰자가 그 은밀한 뿌리들로부터 소급해 올라가는 것을 방해하지는 못한다. 그것이 시의 경우이다.

시인은 진정 자신의 세계를 밝은 곳으로 끌어내는 불의 도둑 프로메테우스이므로, 우리는 그의 작업 속으로 따라가 그곳에 담겨 있는 가르침을 끌어내 보도록 하자.

제1장

영감靈感

인간은 일찍부터 자신의 행위에 관해 존재 자체에 따라 그것을 정당화하려는 기이한 습관을 지니고 있다. 따라서 장차 인간의 이해 노력은 그 노력을 탕진해버리는 어둠이 아니라, 그 어둠이 낳는 효과의 본성에 근거할 것이다.

어떤 부드러운 육체를 해부한다고 해서 에너지의 문제에 해답을 가져다주는 것은 아니다. 시의 '우아한 주검'은 기술자들이 그 굽이치는 형태를 꿰뚫어 질러댔던 메스에 반응한 적이 한 번도 없었다. 우리를 일깨우는 일을 제외하고는, 그들은 바닷물 전체로도 단 한 점의 얼룩을 씻어내기에 전혀 충분치 못할 것이라고 로트레아몽이 언명했던 그 피로 뒤덮여 물러났다.

나의 야망은 그러한 위험에 빠지려는 것이 아니다. 나는 감춰진 비밀을 억지로 얻어내려는 것이 아니라, 가르침들을 통찰하려는 것이다. 시인들이 자신의 가슴속에서 이루어지는 여러 작용의 본성을 전혀 예감하지 못했다는 사실을 수긍할 수 있을까? 또한 그들의 모든 작품 속에는 순수 행위의 영원히 닫혀 있는 문을 빠끔히 열 수 있는 의식적이거나 무의식적으로 표현된 단어가 존재하지 않는다고 합리적으로 주장할 수 있을까? 어쨌든 나는 그 반대를 확신하고 있다. 그러나 나는 또한 계시적인 표식들은 일반적으로 영감이 낳는 존재들보다는 오히려 영감에 근거하고 있다는 사실도 지적해 두겠다. 그러므로 시의 조건들은 더욱 분명해질 수 있다 하더라도 그 본성 자체는 영원히 예측할 수 없고 당혹스러운 채로 남아 있다. 이른바 작가라는 사람은 그를 통해 드러난 새로운 실체의 출현으로 인하여 언제나 그 누구보다도 당황하지 않고 태연할 수 있는 사람이 아니다.

고대의 시인들은 그들의 천품에 관해 거의 언급하지 않았다. 그들은 그것을 하나의 재능으로 받아들였다. 그들은 미리 운명지어진 존재들로서, 그 그림자는 무한 속에 하나의 균열을 파놓은 듯이 보였다. 신들의 순수한 음성에 청각이 연결되어 있던 이 움직이지 않는 형제들의 우렁찬 어조를 듣기 위해 군중은 정원의 부활절 꽃밭 위에 웅크리고 앉아 침묵하고 있었다.

인간들이 시적 능력을 하나의 은총으로 명명하고 그것에 객관적인 기원을 부여한 만큼, 그들은 영감의 심리학을 구축하는 데 골몰하지 않았다. 뮤즈 여신들은 절대를 추구하는 이들에게서 그들 가슴의 고향을 발견했다.

> 뮤즈 여신들이 영감을 불어넣어 주지 않아도, 훌륭한 시인이 되기 위해서는 기교만으로 충분하다고 확신하며 시의 문으로 다가가는 사람은 모두 완벽함에서 멀리 떨어져 있으며, 양식良識의 시는 영감의 시에 의해 가려진다.[1]

현인 플라톤이 허술하고 편파적인 필치로 이 두 가지 표현 양식 사이에서 출발점을 대강 언급한 이후, 시간이 경과함에 따라 두 양식은 매우 격렬하게 대립했으며, 라신Racine으로부터 위고Hugo에 이르기까지 지성과 정열은 각각 한 세기 반 동안의 지배 균형을 이루게 된다.

시인들이 자기 능력에 대해 자문해 보도록 표방했던 경향이 두드러졌던 한 시대가 시작되었다. 그들은 그 기원과 영향 범위를 동시에 알고자 했다. 뮤즈의 도움은 그들에게 더는 충분한 설명이 되지 못했다. 뮤즈 여신들은 이 불충한 시

---

1 라신, 『페드르』.

인들 사이에 분열의 씨앗을 뿌림으로써 그들의 배신에 대해 복수했다. 어떤 사람들은 시적 상태의 충만한 의식에 대해 말하였고, 또 어떤 사람들은 영감에 관하여 이야기했다.

상반된 방법들이 이러한 이율배반의 영향 아래 곧바로 구축되어야 했으며, 그 엄밀함은 오늘날 가장 자연스럽게 계시에 열중한 정신들을 지배하고 분리한다. 『매혹』의 작자*가, 보들레르Ch. Baudelaire와 포E. Poe로부터 말라르메S. Mallarmé에 이르기까지의 경향들을 수집하여 명확하게 언급했던 하나의 흐름이 집요하고 매우 완벽한 '집중'에만 전념하도록 작가들을 유도한 반면, 다른 한편으로 랭보A. Rimbaud와 로트레아몽의 후계자들인 초현실주의 시인들은 모든 창조의 비밀은 인간의 정신이 정상적으로 도달할 수 있는 '무관심'의 가장 완성된 지점을 정확하게 재현하는 몽상의 상태 속에 본질적으로 존재한다고 천명하고 있다는 것은 사실 주목할 만한 일이다.

어쨌든 이 두 부류의 시인들이 정반대의 방법으로 같은 실재에 도달하고 있다는 사실은 공정한 관찰자에게는 상당히 혼란스러운 일이다. 그러나 잠시만 숙고해 보면, 관찰자는 외견상 동떨어져 있는 그들의 방법들이 반대로 매우 유사할 것이라는 생각을 하게 된다. 그것은 그 방법들이 같은 의식 상

---

* 폴 발레리(Paul Valéry)를 말함. (역주)

태와 같은 힘의 출현을 밝히고 있기 때문이다.

시의 전대미문의 탄생이 이루어지는 지적 암흑은 어느 정도는 이 모순적인 비밀의 검토에 그 그림자를 틀림없이 양보하게 될 것이다.

***

앙드레 브르통André Breton은 인류가 존재하고 사유한 이래로 분명하게 표현된 하나의 개념을 체계화했을 뿐만 아니라 그것을 명확하게 밝혀내고 그로부터 가장 훌륭한 결과들을 도출해 내었다. 개혁가들은 유별나게 행동하지 않으며, 그들의 천재성이라는 것은 우리가 그들 이전에는 소홀히 했던 가치들을 우리가 실현할 수 있도록 만들어 준다. 인간의 정신이 무엇보다 먼저 그 행위를 결정하는 듯한 '중심'에 국한되지 않는다는 사실을 우리는 프로이트가 증명하기 이전에 물론 알고 있었다. 그러나 그렇다고 해도, 위의 사실을 통해 무의식이 철학적 가설들의 틀을 벗어나 과학과 시의 실제적인 영역 속에서 출현했다는 사실을 이해한다면, 무의식의 발견은 20세기에 이루어진 것이라고 서술해도 무방할 것이다.

현대 초현실주의에서 연역해낼 수 있는 영감의 이론은 그 개념이 분명 '최고 정신'이라는 헤겔의 관념에서 파생한 듯한 정신적 절대를 발견하려는 목적 아래, 소위 의식적인 능력의 억압에 귀결된다.

무의식은 그에 대립하며 그 대척자로 규정하는 하나의 영역과의 관련 하에서만 구상될 수 있다. 그 영역이 사라지기만 하면 무의식은 그대로 존재하기를 그치고 한계가 없는 정신적 실재가 되어버리며, 그 속성은 무한한 자의식일 것이라고 예견할 수도 있을 것이다.

독자 여러분이 자신의 정신을 의식의 이미지가 중심이 되는 어떤 이상적인 원환圓環으로 잠시 가정해 본다면, 그 중심점과 원의 둘레 사이에 포함되는 영역은 무의식의 순수한 왕국이 된다.

그 의식의 중심을 억압하는 것이 인간이 자기 정신의 총체를 실현하도록 해준다고 생각하기는 쉬운 일이다. 가장 큰 자유와 가장 큰 힘은 그러한 지적 작용에서 비롯해야 한다. 그것은 역시 문제의 그 원환이 무한하게 드러나기 때문이다. 다시 말해 그 중심은 곳곳에 존재하는 동시에 둘레는 어디에도 없다. 따라서 시인은 자신의 의식을 파괴함으로써 신의 무상성無償性 자체에 도달해야 한다.

다음과 같은 랭보의 말을 달리 어떻게 이해할 수 있을 것인가.

> 시인이 되고자 하는 사람이 가장 먼저 연구할 것은 자기 자신의 인식 전체이다… 기괴한 영혼을 만들어내는 일이 중요하다.[2]

이 절대 의식의 실현이 인류의 정상적 종말이라는 것을 앙드레 브르통은 의심하지 않는다. 꿈과 각성의 경계에 놓인 인간은 그를 제한하는 의식으로부터 그를 해방하는 몽상까지 흔들린다. 영감의 상태는 추구해야 할 전능함의 시초이다.

> 처음에는 모든 것이 매우 서투르게 이루어지는 것 같은 그 외딴 지역 안에 자리하기 위해서는 자아에 많이 할애해야 한다. 하물며 그곳에 누군가를 인도하고자 함에야. 더욱이 그곳에 안전히 존재하고 있다고는 결고 확신하지 못한다….[3]

또한 브르통은 우리의 '천품과 재능'을 염두에 두지 않고도 창작할 수 있는 가장 확실한 방법의 하나로 자동기술법l'écriture automatique을 제시하고 있다. 그렇게 제거된 논리적인 능력의 완벽한 통제 아래 시인은 점점 완벽해지는 영감의 상태에서 시

---

2 랭보, 「견자(見者)의 편지」.

3 앙드레 브르통, 「초현실주의 선언」.

를 쓴다. 그의 손은 사고의 속도와 똑같은 속도로 종이 위를 질주한다. 그의 감각은 깊은 마비 상태 속에 잠긴 채로 있다. 자아의 환영은 더 광대한 왕국을 위해 분해된다. 이미지들이 종이를 밝히고, 그 예기치 못한 근접으로 말미암아 언제나 더욱 격렬한 정신의 새벽 속에서 마침내 포착된 우주의 통일을 표현한다.

이러한 방식으로 영감을 이해하는 것은 고대인들이 막연히 채택했던 방식과 가장 가까이 있다. 시빌리아 인들은 영매靈媒 상태에서 그들의 신탁을 선포하였고, 시인들에게는 '신성한'이라는 형용어가 부과되었다. 낭만주의는 그러한 전통을 어느 정도 계승하였고, 랭보와 로트레아몽은 타고난 영감의 불길로 그것을 일구어냈다. 결국, 일군의 시인들이 경이로움의 수탁자受託者로 남았고, 그로부터 가장 엄청난 기적을 예견해내는 일을 두려워하지 않았다.

***

더 가까운 시대에는, 적어도 문학의 영역에서는, 17세기의 프랑스에 깊이 뿌리박은 이 개념의 대척점에서 발견되는 이론이 나타난다. 보들레르가 자기는 누구에게나 시법을 20시간 동안 가르쳐야 하는 책임이 있다고 선언할 때, 그리고 포가 『글쓰기의 철학』에서, 그의 모든 아름다움은 냉정한 계산에 기인한다고 주장하면서 자신의 가장 유명한 시편을 산산조각 분해할 때, 독자는 무엇보다도 역설에 대해 말할 권리가 있다. 그러나 그러한 견해는 더 상세한 고찰을 통해 곧 철회될 것이다.

우리가 조금 전에 한 비교를 상기하기만 하면, 우리는 시인이 의식 중심의 억압을 통해 정신의 무한한 구체球體를 실현할 수 있었다고 할지라도, 그와 정반대의 방법은 그와 동일한 크기를 획득할 수단을 그에게 남겨두지 않을 것이라는 사실, 즉 중심점의 억압으로 인도하기는커녕, 이 방법은 그 중심핵이 무의식을 명료한 의식의 제국 속에 조금씩 흡수함으로써 마침내는 무의식의 경계들을 사라지게 할 지경까지 밀어내는 것과 같은 중요성을 시인에게 부여하는 데 있다는 것을 즉시 수긍해야만 할 것이다.

의식 중심의 이러한 점진적인 확장은 그 대상이 거의 받아들이지 않을 가혹하고 탐욕스러운 집중의 결과일 것이다. 그 집중은 고유의 강렬함 외에 다른 목적이 없을 것이기 때문이다. 이 거대한 빛은 곧 정신의 총체 자체에까지 넓어지게 될 것이다. 의식의 한계들은 우리가 가설로 제시한 이상적인 원환의 한계가 될 것이다. 즉 그 한계들은 더는 존재하지 않을 것이라는 말이다.

「베레니스(Bérénice)」라는 제목의 콩트에서 에드거 포는(그는 분명 보들레르와 말라르메의 스승이며, 따라서 발레리의 스승이기도 하다) 주인공의 입을 통해 우리의 주장들을 아주 적절한 방식으로 뒷받침해주는 고백을 하게 한다.

> 동시에 나 자신의 불행은 — 이것을 다른 이름으로는 부를 수 없다고들 해서 — 신속하게 커졌고, 그 징후들은 아편의 무절제한 사용으로 더욱 가중되어, 결국 불행은 새롭고 비범한 형태를 띤 편집증의 성격을 띠게 되었다. 불행은 시시각각으로 에너지를 탕진시켜 마침내는 내게서 가장 기묘하고 난해한 세력을 앗아갔다. 이 편집증은 — 내가 이 용어를 사용해야 한다면 — 철학의 언어가 '집중 기능'이라는 말 속에 내포하고 있는 정신 기능들의 병적인 흥분에 있었다. 나는 틀림없이 이해되지 못했을 것이다. 하지만 사실대로 말하자면, 나는 이 신경질적인 '강렬한 관심'의 정확한 개념을 일반 독자들에게 전달하는 것이 내게는 절대적으로 불가능하지 않을까 두려워하고 있다. 나의 경우에는, 이 신경질적인 강렬한 관심으로 인하여 명상의 기능이 — 기교적인 언어를 피하기 위함이다 — 세상에서 가장 비속한

대상들에 몰두하여 빠져들었다…. 나는 아직도 잘 이해되기를 바라고 있다. 그처럼 경박한 대상들이 그 속에서 자극한 비정상적이고 강렬하며 병적인 집중은 모든 인류에게 공통된 몽상의 경향과 혼동해서는 안 될 본성을 지니고 있다. 특히 격렬한 상상력을 지닌 사람들이 그러한 경향에 몰두하는 법이다. 집중이라는 말이 지나친 용어이거나 그러한 경향의 과장은 아닐 뿐만 아니라 원래 본질적으로는 그것과 변별적이다. 어떤 경우에는, 상상력이 풍부한 인간인 몽상가가 일반적으로 경박하지 않은 대상에 관심을 가지고 대상으로부터 용솟음쳐 나오는 거대한 추론과 암시를 통해 자신의 대상을 점점 보지 못하게 되며, 그 결과 '흔히는 열락으로 채워진' 그 몽상의 끝에서 그는 완전히 소멸하고 잊혀 버린 '인시타멘툼incitamentum', 즉 자기 성찰의 최초 동기를 발견하게 된다. 내 경우에 있어서 출발점은, 그것이 비록 내 병든 비전의 한 가운데를 통하여 상상과 굴절의 중요성이라는 옷을 입고 있다 할지라도, '변함없이 경박한' 것이었다. 나는 거의 추론을 하지 않았다. 그러나 추론을 했다 할지라도, 그러한 경우에는 추론들이 마치 중심으로 돌아가듯 고집스럽게 주요 대상으로 돌아가곤 했다. 명상은 '결코' 유쾌한 것이 아니었으며, 몽상의 끝에는 최초의 동기가 시야 바깥에 있지 않고 내 불행의 지배적인 특징이었던 초자연적으로 과장된 그 관심에 도달해 있었다. 한마디로 말해, 내 안에서 더 특별하게 자극된 정신의 기능은 내가 말했듯이 집중의 기능이었던 반면, 보통의 몽상가에게는 그것이 명상의 기능이다.[4]

스테판 말라르메Stéphane Mallarmé는 그가 일생 추구했던 관념을 표현하고 요약해 놓은 위대한 시편에서, "주사위 던지기는 결코 우연을 파멸시키지 못할 것이다."라고 표명하고 있다. 그는 이 놀이를 통해 본래 숫자인 순수 사고를 상징화했다. 그는 집중이 방기放棄하는 모든 것, 혹은 그 과실에서조차 생겨나는 것을 우연이라 명명했다. 그는 자기 자신의 정복에도 도달할 수 없는 인간 정신의 파멸을 음울하게 선언했다. 그가 스스로 부여한 목적은 시나, 혹은 그보다도 신이 자신의 말씀에 대한 답변으로 기다리고 있던 '말'을 할 수 있게 해주는 절대 의식에 도달하는 것이 아니었던가? 말라르메가 자유시의 창작을 긍지로 여기던 시대에 살면서도 자신의 사고를 전통적인 리듬에 순응시키려 노력했다는 사실은 구속이 어떤 점에서 값진 것이었으며, 그러한 구속들이 그의 집

4 보들레르의 번역.

중 능력들을 어느 면에서 자극했는지 잘 증명해 주고 있다. 오늘날에도 마찬가지로, 폴 발레리Paul Valéry는 그것들이 매우 부조리하지만, 규칙의 미덕을 끊임없이 찬양하고 있다. 그에게는 충만한 의식이 영감의 상태와 섞이는 듯이 보인다. 그는 이렇게 썼다.

> 진정한 시인의 진정한 조건은 더 명확한 몽상의 상태가 있다는 데 있다.[5] …나는 정신의 범주에서는 의식의 지상권至上權이나 집중에 의한 지배보다 더 바람직한 발견이나 생산을 알지 못한다.[6]

***

따라서 그 수단에 있어 정확하게 상반되는 이 두 가지 방법들이 그 결과에서는 반대로 서로 결합한다. 전자는 정신의 무한한 확장을 위해 의식의 중심을 파기한다. 후자는 이 중심을 증대시켜, 그것을 제한하고 있던 지대들을 그의 진보

---

5 폴 발레리, 『바리에테(*Variété*)』.

6 《시뇨(Signaux)》지가 행했던 프랑스 대혁명의 이념에 관한 설문 조사에 대한 답변.

앞에서 완전히 소멸할 때까지 연속적으로 파괴하게 만든다. 절대 의식과 영감은 동의어가 되고, 그 상반된 방법들이 도달하게 되는 같은 결과를 구현하는 것이다.

그들 목적의 완전한 실현은 본래 불가능한 것이다. 우리는 그에 어느 정도 다가갈 수 있을 뿐이다. 바로 거기에서 초현실주의 시인들이 가슴에 품고 있는 말라르메의 비극적인 절규와 절망이 비롯한다. 그뿐만 아니라, 동양의 책들은 우리에게 다음과 같은 것을 가르쳐 준다.

> 절대 진리 안에는 말이나 사고를 위한 자리가 없다. 진리는 현상이 나타내는 모든 것을 초월하며, 교육되지도 알려지지도 않는 것이다.
>
> – 마디야마카브리티Madyamakavritti

그 결과, 그 서로 다른 작가들이 이르게 되는 논리적인 결말은 침묵이다. 랭보의 침묵에도, 실현 불가능한 작품을 꿈꾸었음에도 자신의 시 몇 편을 펜을 시험하기 위한 낙서로 간주했던 말라르메의 침묵에도, 이제 더는 놀라워하지 말자. 초현실주의자들의 침묵과 문학적 표현에 대한 그들의 멸시를 이해하도록 하자. 폴 발레리가 자신의 시편들을 두고 단순한 연습이라고 명명하는 것을 듣는다고 해도 조금도 놀라지 말

일이다.

이 책의 몇몇 부분들을 보면, 우리는 신비주의자 들의 체험이 — 우리는 시인들의 체험과 대조하는 것을 피할 수 없을 것이다 — 지금까지 행한 이 처음의 고찰들을 확인시켜 준다고 생각하게 될 것이다. 올트라마르Oltramare는 불교에 관한 그의 훌륭한 저서에서, 계시는 두 가지 방법으로 획득될 수 있다는 사실을 우리에게 가르쳐 준다. 하나는 실수 없는 정신집중의 도움으로 '유일 대상에의 정신의 몰입'이다. 다른 하나는 욕망과 사랑의 감정, 그리고 산만한 사고의 억압을 연속적으로 지시한다.

> 그리하여 자유로운 부처는 형태와 현상의 세계와는 아무것도 공통된 것이 없는 세계 안에 살았다. 그는 무한의 공간과 무한한 의식, 더는 아무것도 존재하지 않는 정신의 상태, 그리고 마침내는 절대 안에서 거대하게 피어났다. 그것은 의식과 무의식의 언어로는 그 어느 것도 표현하기에 부적절한 지고의 '획득'이었다.[7]

이러한 방법들에 따라 추구된 상태들과 그토록 분분한 진

7 올트라마르, 『불교 신지학(神智學)』, Geuthner 출판사, 1923.

행 과정의 동일성은 초현실주의자들과 폴 발레리 같은 시인들의 작품 활동 초기에는 그들을 연결해 주었지만 이내 파괴되고 말았던 그 공감대를 설명해 준다.

끝으로, 이러한 통찰은 보들레르의 내면 일기를 여는 그 심오하고 간결한 문장에 관하여 귀중한 빛을 던져 준다.

> 자아의 집중과 확산에 관하여, 모든 것이 거기에 있느니.[8]

8 보들레르, 『벌거벗은 내 마음(*Mon coeur mis à nu*)』.

제2장

말la Parole

우리는 우리의 무지를, 예방하려 해도 소용없는, 현재 대개의 인간이 불가피한 법칙인 양 견디어 내는 하나의 질병처럼 겪고 있다. 우리가 그것을 소리 없이 참아낸 이후로 그 무지는 우리의 조직에 필수적인 부분으로 구성되고, 그에 따라 우리의 평온함은 우리가 더는 구상할 수도, 인정조차도 할 수 없는 지혜의 개념을 소멸시킨다. 그러나 비참한 대중의 밖에 있는 어떤 존재가 인간으로서 자신의 상태를 의식하고, 그 반항의 불길이 은밀하게 그의 두뇌 속에서 타오르는 일이 일어난다면, 그 대가로 그에게는 제1의 천품으로서 절대적인 풍요로움의 예고자인 신비의 감각이 주어지게 될 것이다. 성스럽고 고통스러운 반영反影이 삶의 가장 비천한 사물들을 그 전망으로 풍요롭게 할 것이며, 시인은 그의 작품 속에서 평범한 인간들이 회한 없이 일상적으로 사용하는 요소들에 연결되어 있을 뿐인 그의 숭고한 근심을 전달하게 될 것이다.

단어들 자체가 그가 집중하는 최초의 대상이 될 것이다. 그의 펜이 움직일 때마다, 몽상가들은 인식했으나 다른 사람들은 거의 관심을 두지 않은 가장 매력적이고 음울한 신비가 솟아난다.

> 인간을 온전히 분해하면 어쩌면 사고와 의지의 요소들을 발견하게 될지도 모른다. 하지만 그것을 해결할 수 없다면 예전에 내가 부딪혔던 그 X를 만나게 될 것이다. 이 X는 말la Parole이다. 그 교섭은 그것을 받아들일 준비가 되어 있지 않은 사람들을 불태워 없애버릴 것이다.[1]

> 연약한 사람들은 재빨리 광기 속으로 내던져질 수 있는 알파벳의 첫 글자에 대해 생각하기 시작할 것이다.[2]

언어적 표현은 틀림없이 준엄한 의문을 제기한다. 이 의문은 그 불침투성으로 인하여 원인 중의 원인(제1원인)과 혼동

---

1 오노레 드 발자크, 『루이 랑베르(*Louis Lambert*)』.
2 아르튀르 랭보, 「견자의 편지(Lettre du Voyant)」.

된다. 언어의 문제는 공인된 철학으로부터 신의 문제보다 더 만족할 만한 정신적 해답을 얻지 못했다. 시의 숨결이 여러 시대에 걸쳐 우리의 고뇌를 달래주기에 충분한 진리의 어떤 특별한 빛들을 가져다주고 있다는 사실을 우리는 인식의 총체 안에서 발견할 수 있지 않을까? 시라는 이 절대에의 절망적인 접근은, 그 역설적 존재를 정당화하는 의문 자체를 건드리게 될 경우, 완전히 파멸해서는 절대로 안 된다는 의무가 있다.

무엇보다 먼저 우리는, 어느 전문가가 최근에 와서야 밝혀낸 '말'의 본성을 시인들은 오래전부터 발견했다는 것을 증명할 수 있다는 다소 고무적인 사실을 끌어낼 수 있다. 언어란 진정 하나의 몸짓이며 행위라는 결론을 우리에게 보여준 주스R. P. Jousse를 나는 생각하고 있다. 동시에 나는 파우스트의 입술 위에 다음과 같은 계시적인 말을 올려놓았을 때의 괴테도 생각한다.

> '태초에 말씀이 있었노라!'고 씌어 있었다. 여기에서 벌써 나는 멈추고 만다. 누가 나더러 더 멀리 나아가라고 할 것인가? 이 '말씀'이라는 단어를 충분히 평가하는 일이 내게는 불가능하다! 정신이 나를 밝혀준다면, 나는 그 말을 달리 옮겨야 한다. '태초에 정신이 있었노라!'고

> 씌어 있었다. 너무 서둘러 쓰지 말고 이 첫째 줄에 대해 자세히 성찰하자! 모든 것을 창조하고 보존하는 것이 진정 정신이란 말인가? '태초에 힘이 있었노라!'는 말이 있어야 할 것이다. 하지만 무엇인가가 이 말을 쓰는 내게 이 의미에서 멈추어서는 안 된다고 말해주고 있다. 마침내 정신이 나를 밝혀 준다! 영감이 내게로 내려와 나는 안심하고 쓴다. '태초에 행위가 있었노라!'고.

여기에서 언어가 정신의 움직임이라는 결론을 내린다면, 거기에는 성급히 단정 지은 지적 일보一步만이 있을 뿐이다. 어쨌든 그 논리학자는 근심 가득히 자문한다. 정신의 움직임? 그것은 관념의 관습적인 정의가 아니던가? 또 언어와 관념이라는 용어들이 아무렇지도 않게 서로 대체시킬 수 있는 상호 교환이 가능한 지점에 존재할 수도 있단 말인가? 관념은 결국 언어에 선행하는 것이 아니던가? 선행하는 것이라면 그 둘을 혼합할 방법은 남아 있는가?

시인들이 여기에서 우리에게 남겨 놓은 확고하고 직접적인 대답에 이르기 전에, 우리는 이성의 추론적 사고 과정들을 무시하지 말고, 이 계시에 점진적으로 접근해 보도록 하자. 여기에서는 순전히 서양적인 철학은 그 어느 것도 우리를 인도하지 못한다. 그러나 언어의 문제가 여전히 서양의 사상가들에게 제기되어 있다 할지라도, 동양의 사상가들은 그들의 총체적 결함을 그러한 관점에서 공유하고 있지는 않은 것 같다. 그리고 이러한 이점은 신비주의자와 철학자, 그리고 시인의 자질들이 그 초인적인 나라들에 사는 동일한 인간의 이마 위에서 항상 빛나고 있다는 사실로 설명될 수 있을 것이다.

무엇보다도 먼저 관찰자가 관념과 언어 사이에 설정하려 했던 구분은 우리가 익히 수긍하고 있는 정신과 육체 간의 그것과 유사하다. 정신을 부인하고 육체적 실체가 유일하다고 하는 가설만큼이나 부조리한 가설이다. 하나는 잘못 구상되어 불가해한 문제들을 제기하며(예를 들면 영혼과 육신 간의 상호 작용점), 다른 하나는 사고의 자멸 행위에 지나지 않는다. 서양의 철학자들보다 감각적 외관에 주의를 덜 기울이는 동양의 철학자들은 서양의 학자들이 그것을 입증하기 전에, 우주란 하나의 진동하는 복합체로서 그 변화무쌍한 폭이 어느 정도 순수한 질료의 상태들을 생성하고 있다는 것을 알았다. 어떤 철학자들은 정신의 편에 있었고, 어떤 철학자들은 그 육체적 인도자의 편에 있었다. 그러므로 육신과 정신 간에는 이제 더는 연속적인 해답이 없다. 마찬가지로 우리가 보기에는 언어와 관념이 어떤 동일한 실재의 양면이 된다. 아르튀르 랭보가 「견자의 편지」에서 '모든 말은 관념', 언어의 시대 등등을 쓴 것은 다른 것을 표현한 것이 아니었다.

언어는 지적 세계에서 물질의 세계 속으로 이행해가는 관념의 굴절이라고 정의될 수 있다.

에너지가 다소 빠르게 진동함으로써 우주 안에 여러 차원이 만들어지고, 그 위에서 모든 피조물이 동시에 기능한다. 인간의 조직이 어떤 감동 체계와 인간존재를 구성하는 데 이바지하고 그것을 지배하는 연쇄적 사고를 상정하는 것과 마찬가지로, 언어도 어떤 거대한 정신의 기둥을 극복한 것으로 보일 뿐이다. 즉, 언어란 진정 관념의 육신으로서 관념을 구현하는 것이다. 바로 이것이 베다 경전의 다음과 같은 구절이 말하는 의미이다.

> 베다 경전으로 교육을 받은 브라만들이 알고 있는 것처럼, 언어에는 네 종류가 있다. 그중 셋은 잠재되어 있고 마지막 것이 발음된다.

이러한 구분들은 각각 절대(잠재적인 최초의 언어)가 스스로 실현되고(둘째 언어) 자신을 표현하고자 함으로써(셋째 언어) 창조 행위(넷째 언어, 혹은 발음된 언어)에 이르는 것에 일치하며, 동일한 실재의 내면 구조 속에 설정되어 있다.

그러므로 단어는 그것이 간주되는 동안의 양상에 따라 언어나 사고의 형용어를 오류 없이 수용할 수 있다. 우리는 그것을 조금 전처럼 정신의 움직임이라 하지 않고 움직이는 정신이라 명명할 것이다.

이러한 결론에 도달한 우리는 말라르메의 다음 시구들이 얼마나 경이로운 것인지 알 수 있다.

길게 환기하는 과거로부터 하나의 목소리가,
이건 주문을 외우려 하는 나의 목소리일까?
아직 사고의 노란 주름 속에 있는,
차가워진 성체현시대의 혼란한 더미 위에
분향된 천처럼 오래되고 길게 끌며,
아름다운 기퓌르가 장막이 드리워진
옛날의 광채를 엮어가게 하는
실의에 찬 수의壽衣의
순수한 레이스와 리듬을 따라 뚫린
옛날의 구멍들을 통해, 굳어진 주름들을 통해
점점 높아진다.

–「에로디아드의 고대 서곡」

Une voix, du passé longue évocation,
Est-ce la mienne prête à l'incantation?

Encore dans les plis jaunes de la pensée
Traînant, antique, ainsi qu'une toile encencée
Sur un confus amas d'ostensoirs refroidis
Par les trous anciens et par les plis roidis
Percés selon le rythme et les dentelles pures
Du suaire laissant par ses belles guipures
Désespéré monter le vieil éclat voilé
S'élève ;

〈Ouverture ancienne d'Hérodiade〉

위의 시에서 삽입절들을 빼고 주절만 남기면 다음과 같이 아주 명료한 문장이 보인다.

아직 사고의 노란 주름 속에 있는
하나의 목소리가
높아진다.

물리적 세계 안에서 출현하는 순간에만 비로소 형태를 갖추게 되는 언어의 구성을 고찰함으로써 우리는 위 시구들의 완전한 의미를 파악할 수 있다. 시인이 그의 무의식의 저변으로부터 들려 오는 목소리는 아직 언어로 형성되지 않고,

사고의 절대에 참여하여 관념의 언어로의 변화가 이루어질 형태의 세계로 하강할 준비가 되어 있는 것이다. 중간 부분의 〈사고의 노란 주름〉이라는 표현으로 말하자면 — 이것을 상기하는 일은 감동적이다 —, 예로부터 신비주의자들이 태양의 색깔인 노란색과 정신성의 상태들이 서로 일치하는 것으로 설정해 놓은 것이다. 성인들의 후광은 그들의 얼굴 위에 황금빛 배광背光을 드리운다. 또한 지극히 다양한 전기傳記들을 보면 무아경의 순간에 위대한 신비주의자들의 표정이 끌어내는 광도光度에 대한 무수한 말들이 실려 있다. 얼굴이 빛으로 비추어진다고 말하는 것은 언제나 이야기하는 방식은 아니다. 카발리스트*들은 빛을 신의 육체, 결국 절대 사고의 육체라고 명명하고 있다는 사실을 덧붙여 둔다. 위에서 인용한 다른 시구들에서 말라르메는 시인의 언어를 오래된 어떤 관념을 감싸고 있는 수의에 비유하고 있는데, 그 관념의 순수한 형태는 천 아래에서 그 리듬을 그리고 있으며, 감추어져 있는 그 절체절명의 은총 둘레에 단어들이 구성하고 있는 레이스를 통하여 드러나고 있다.

언어와 관념의 동일성이 제시되면 그 출현의 우선순위 문제도 동시에 변화한다. 시인은 그 시현示顯의 단계들에 종속

* 히브리의 신비 철학자. (역주)

되지 않는 실재를 감수한다. 언어는 우주가 신의 타락으로서 구상될 때에만 관념에 대해 열등한 상태로 존재한다. 바로 이것이 「아누기타(Anugita)」*의 다음 구절이 가르쳐 주는 것이다.

> 언어와 지성이 존재의 자아에게 가서 그들의 의심을 없애주고 그들 중 누가 먼저이며 누가 우월한가를 결정해 달라고 간청하였다. 주께서 대답하여 가로되, "정신이 우월하다." 하셨다. 그러나 언어가 존재의 자아에게, "사실은 제가 당신의 욕망에 답하고 있나이다"라고 대답했는데, 그것은 정신이 바라는 바를 언어에 의해 정확하게 얻으리라는 것을 의미하였다. 그리하여 자아가 부언하기를 '유동적인 것'과 '부동적인 것'이라는 두 가지의 정신이 있는데, '유동적인 것이 당신의 영역'이라고 하였다.

부동의 정신과 유동의 정신(정확히 말하면 우리가 앞에서 움직이는 정신이라고 명명했던 것) 사이에 설정된 이러한 구별은 관념과 언어의 개념에 일치한다. 물론 그 둘 사이에는

* 『라마야나』와 함께 고대 인도의 2대 서사시인 『마하바라타』 14권에 들어 있는 「아누기타」는 6권에 있는 「바가바드기타」의 보유(補遺)로 읽힌다. (역주)

갑작스러운 변환이 아니라 미미한 변화가 존재한다. 어쨌든, 시인이 언어에서 관념으로 향할수록 그는 순수성을 향하여 고양된다. 같은 동기로, 무의식의 비정형 리듬은 그것이 만들어 내는 말들보다 더욱 순수한 채로 남아 있으며, 정신의 표면에 나타나는 단어들은 시인이 그것을 발음할 때 그 광채의 일부를 잃는다. 이것 역시 「아누기타」가 말하고 있다.

> 말은 소란하거나 소리가 없다. 이 둘 가운데 소리 없는 말이 소란한 말보다 우월하다.

순결한 관념과 그 언어로의 변환을 대립시키는 데까지 가지 않고 그 양극점 사이에서 멈춘다고 해서 소득이 없는 것은 아니다. 따라서 시편 하나의 깊이는 그 소리 나는 힘에 반비례함을 우리는 보게 된다. 위대한 시는 명상과 내적 독서, 사고의 정화만을 받아들인다. 그와는 정반대로, 담화, 서술적인 시, 거짓 장식들은 그것들이 표현되었을 때 겉치레뿐인 온갖 공허한 가치만을 가지게 된다. 말라르메의 소네트는 대중적으로 암송될 수는 없을 것이다. 동일한 상황에서 금박 장식을 입힌 것처럼 겉이 화려한 에레디아Hérédia*의 시들은 대

---

* José-Maria Hérédia(1842-1905) 프랑스의 고답파 시인. (역주)

중적인 찬탄을 자아낼 것이다. 따라서 우리는 서양에서는 연극이 열등한 장르가 되고, 오로지 관객들을 즐겁게 해주는 데 적합할 뿐이라는 뿌리깊은 이유를 바로 이해하게 된다. 위대한 작가들은 그들의 희곡이 상연될 수 없다는 것을 보여주고 있다. 라신Racine만을 그 예로 들어보아도 자명한 것은 사고의 정화가 발음된 단어보다 순수한 사고에 더욱 근접해 있다는 것이다. 그것은 지나치게 물질적인 단어가 그 음영 속에 던지려 하는 빛을 약간은 보존하고 있다. 그것은 영혼과 같은 방식으로서, 영혼은 육체를 얻게 될 때 자신의 꿈을 잊어버린다.

'관념으로서의 말', 애초부터 그 둘 사이에 아무런 편견도 없이 하나에서 다른 하나로의 발전 가능성을 논리적으로 제기하는 데 이르러야 한다. '말에서 관념으로의 이행'은 지적 기능의 현재 진행 과정을 뒤집어 놓는 것이었으나, 아무것도 그에 대립해서는 안 되었으며, 예기치 못한 계시들이 그로부터 생겨날 수 있었다. 바로 이것이 앙드레 브르통이 이해했던 것으로서, 다음은 초기의 초현실주의적 체험들을 정확하게 어떠한 말로 설명했는지를 보여준다.

> 우리는 날말들을 의심하기 시작하여, 그것들이 항상 미천한 보조자로 간주되었던 것과 달리 다루어지기를 요

구한다는 사실을 갑자기 깨닫게 되었다… 우리는 그 낱말들을 그들의 사고에서 비워내고 그것들이 사고에게 명령한다고 과신하지 않으며 기다리고 있었다. 오늘 그것이 이루어졌다.

낱말들이 유희를 끝냈다.
낱말들이 사랑한다.[3]

이 마지막 단어의 의미를 검토하기에 앞서, 언어와 관념 사이에 설정해야 할 동일성의 문제를 그 최후의 결과들 안에 밀어 넣는 일이 우리에게는 남아 있다. 우리는 변증법을 통하여 관념들을 그 감각적 외관으로부터 끌어내는 것을 배운다. 또한, 우리는 변증법을 통하여 그 감각적 외관들 사이의 관계들을 끌어내 종합을 시행하고, 그것들의 힘을 온전하게 유지해주는 유일 관념에까지 소급해 올라갈 수 있다. 관념이라는 단어의 자리에 말이라는 단어를 사용할 수 있는 우리의 권리를 행사한다면 우리는 물리적 차원에서 언어의 다양성이 추상적 차원에서 언어의 통일성을 상정한다는 데까지 나아갈 수 있다. 또한, 지혜는 감각적 외관들을 그 원관념에까

3 「주름 없는 낱말들」, 『잃어버린 발자국』.

지 소급시킴으로써 얻어지는 것이므로, 우리는 유일 언어의 도래를 예언하기에 이르렀다. 바로 이것이 랭보가 냉철한 논리로 충만하여 다음과 같은 말을 썼을 때 이루어낸 것이다. '말 전체가 관념인 세계어의 시대가 도래하리라!' 한편 말라르메는 『시의 위기』에서 다음과 같이 선언하는 것도 잊지 않았다.

> 여럿이며, 최고의 언어가 없다는 점에서 언어들은 불완전하다. 생각한다는 것은 부수적인 장식도 중얼거림도 없이 쓰는 것, 그러나 불멸의 말이 아직 침묵하고 있으므로, 지상에서는 관용어들의 다양함 때문에 아무도 말을 하지 못한다. 그렇지 않으면 말은 단 한 번의 타격으로 물질적으로 진리 그 자체가 될 테니까.

주지하다시피, 클로드 드 생마르탱Claude de Saint-Martin은 그의 저서에서 유일어의 확립이 특징인 황금시대를 예언하였으며, 파브르 돌리베Fabre d'Olivet도 서슴없이 그와 똑같은 결론을 시사했다.

> 수많은 방언이 지상의 무수한 지점들을 지배하고 있다. 그것들은 모두가 지방색을 가지고 있으며, 저마다 독특

한 능력을 지니고 있다. 그러나 존재 중의 존재(신)로부터 받는 유일한 충동에 순종하는 본성은 통일성으로 나아간다.[4]

또한 이 세계어라는 개념은 인간의 정신 속에서 새로이 생겨난 것이 아니다. 성경이 곧 그 징표들을 담고 있다. 우리는 바벨의 시적인 이야기에 무관심할 수 없으며, 그것을 이해하려 시도하지 않을 수도 없다. 우리는 인간들이 사용하던 방언들의 소멸로 인하여 문제의 그 탑을 세우는 일을 포기해야만 했던 것을 조금도 잊지 않았다. 그런데 '바벨Babel'이라는 단어는 문자 그대로 〈신의 문〉을 의미한다. 따라서 유일어, 혹은 신의 문을 재구축하는 데 참여한 인간들은 그곳에 도달할 수 없었으며, 언어의 다양함 속에 갇혀 있어야만 했다. 이 마지막 문장을 '말 전체는 관념'이라는 진리에 옮겨 비추어보면, 우리는 인간들이 유일 관념을 획득하려고 노력했으나 그에 접근할 수 없어서 다양한 감각물에 짓눌린 채로 있었다고 쓸 수 있을 것이다.

우리는 여기서 조금 전에는 약간 불분명했던 말라르메의 다음 이미지를 완전히 포착할 수 있다.

---

4 『복원 히브리어』.

목소리…

차가워진 성체현시대의 혼란한 더미 위에

분향된 천처럼 오래되고 길게 끌며

Une voix...

Traînant, antique, ainsi qu'une toile encensée

Sur un confus amas d'ostensoirs refroidis.

이 성체현시대의 제물들은 그 수가 다소 많긴 하지만 유일 존재로 잘 조명되었다. 언어가 감싸고 있는 관념들도 마찬가지다.

우리는 유일 관념이라는 개념이 신의 그것과 혼동되고, 그 관념으로 거슬러 올라가려는 모든 노력은 결합의 신비로운 노동과 흡사하다는 것을 곧바로 이해하게 된다. 동시에 '말씀'의 투영체인 유일한 말은 발현한 우주가 된다. 즉 신은 세계를 구상하여 그의 말로 그것을 창조한다는 것이다. 따라서 우리는 말과 관념의 동일성을 발견해 냄에 따라서, 성 요한의 말을 의미 있게 다시 취할 수 있다. 태초에 말씀이 있었고 말씀은 하느님과 함께 있었다. 태초에는 말씀이 하느님과 함께 있었다. 그에 의해 모든 것이 이루어졌으며, 이루어진 것은 그 어느 것도 하느님 없이는 이루어지지 않았다.

우리는 여기까지 와서 아무 소득 없이 되돌아가지 않을 것이다. 그것은 우리의 이 마지막 결론들이 말의 창조능력에 관해 우리가 좋아하는 작가들의 주장을 밝혀줌과 동시에 그에 맞닿아 있기 때문이다. 발자크는 '말이 끊임없이 실체를 낳는다'[5]고 말했다. 말씀에 의한 생산이라는 개념은 매우 다양한 형이상학 속에서 다시 발견된다. 고대의 이집트가 그 개념을 공언하였다. 베다 경전의 지혜는 그 개념을 경전의 가르침들 가운데 하나로 여기고 있다. 오르페우스파 신비주의자들은 창조적 이성을 숭배했다. 끝으로 성경에서는 단어 '말하다'와 '창조하다'가 동의어이다.

> 하느님께서 말씀하시기를 "빛이 있어라" 하시자, 빛이 만들어졌다.

인간을 신의 대우주에 대한 소우주로 간주하는 신비 과학은 인간의 말에서 신의 말씀의 창조능력과 유사한 창조능력을 인식하지만, 그것은 그 작자에게 적절한 능력과의 관련하에서이다. 물질은 한마디 말처럼 진동한다는 것이 설정되었으므로 우리가 수긍했던 물질과 말 사이의 인과관계에는 그

5 발자크, 『루이 랑베르』.

어느 것도 대립하지 못한다.[6] 다소 빠른 진동수는 말씀이 낳은 물질의 다양한 상태들을 구별한다. 다시 발자크의 말을 들어보자.

> 수는 인간에게만 속해 있는 지적 증거이며, 그것에 의해 인간은 말의 인식에 도달할 수 있다.[7]

이러한 말의 창조기능은 위에서 인용한 「아누기타」의 텍스트를 통해 밝혀졌다. 정신이 말보다 우월하다고 존재의 자아가 주장할 때, 말은 '사실은 제가 당신의 욕망에 답하고 있나이다'고 그에 응수하고 있다. 따라서 우리는 이 말을 통해 정신은 말씀의 권능에 의해 대상을 창조함으로써 자신의 고유한 실재를 의식할 수 있다는 것을 이해해야 한다.

인간의 관념들이 알 수 없는 어떤 절대관념의 반영인 것과 마찬가지로, 우리가 사용하고 있는 단어들 역시 어떤 절대말씀에서 파생한 것이며, 그 절대 말씀의 빛은 형태들에게

---

6 각자의 탐구를 통해 동일한 지점에 도달했던 두 사람의 위대한 정신이 사용한 표현의 유사함을 확인하는 일에 독자는 무관심하지 않을 것이다.
랭보: '그 언어는 향기, 음향, 색채 등 모든 것을 요약하는 영혼을 위한 영혼의 언어일 것이다.'
발자크: '인간에 대한 물질의 네 가지 표현인 음향, 색채, 향기, 형태는 기원이 같다.'

7 발자크, 『루이 랑베르』.

생명을 주는 일을 은밀하게 계속한다. 우리가 사용하는 말의 창조능력은 몽상가의 가설이 아니다. 그것은 우주의 가장 숭엄한 법칙과 일치한다. 단어의 기능은 지칭하는 것이 아니라 창조하는 것이다. 따라서 우리는 이후로 중언부언할 필요도 없이 앙드레 브르통의 다음 말을 이해한다.

> 낱말들이 유희를 끝냈다.
> 낱말들이 사랑한다.

우리는 위대한 시 작품들에 대한 검토를 통하여 말의 기원과 본성 쪽으로 어느 정도 연구 방향을 잡았으며, 그 시 작품들은 말의 효능에 관하여 결론을 내리는 순간에 우리가 어떤 해답을 제시하도록 해줄 것이다. 거장들은 그들이 사용했던 모든 창조능력을 알고 있었으며, 그들 저작물의 뭐라 규정할 수 없는 특권은 어쩌면 그 글들을 구성하고 있는 단어들이 그들의 전체 영향권 안에서 사용된 데 기인하는 것인지도 모른다. 에드거 포는 언어의 신비적인 가능성을 지닌 자신의 지식체계를 서슴없이 드러냈다. 「말의 힘」이라는 제목의 콩트에서 그는 '진정한 철학'에 따라 모든 운동은 창조적이며, 모든 운동의 근원은 사고이고, 모든 사고의 근원은 결국 신이라고 단언한다. 따라서 관념에서 단어로의 전이라는 보이지 않는 전이를 통하여 시인은 말의 물질적 힘에 관하여 그의 대화의 두 정신이 논하도록 만들고 있다. 그리하여 그들에게는 다음과 같은 잊히지 않는 화제가 준비되어 있다.

오이노스: 그런데 자네는 어째서 울고 있는가, 아가토스? — 그리고 우리가 비행하던 중에 만났던 모든 별 가운데 가장 푸르지만 또 가장 무섭기도 한 이 아름다운 별 위를 날고 있는 동안 자네 날개는 왜 약해졌는가? 이 별의 찬란한 꽃들은 선경仙境의 꿈만 같으이 — 하지만 사나운 화산들은 혼란스러운 마음의 열정을 생각나게 하는군.

아가토스: 그런 것 같은 게 아닐세! 그것들은 꿈이고 정열이라네! 이 이상한 별은 — 지금으로부터 3세기 전에 — 바로 내가 두 손을 꼭 쥐고 눈물 젖은 눈으로 내 사랑하는 여인의 발밑에서 어떤 정열적인 문구로 평생 불렀던 별이라네. 이 별의 찬란한 꽃들은 실현되지 못한 모든 꿈 가운데 가장 소중한 꿈이요, 그 맹렬한 화산들은 마음들 중에서도 가장 혼란스럽고 가장 모욕받은 마음의 열정들이라네!

에드거 포로부터 말라르메로 넘어가기는 쉽다. 『이지튀르(*Igitur*)』의 시인이 행한 길고도 신비로운 노동은 말의 권능 외에 다른 대상을 가지고 있었던 것이 아니다. 그의 벗들 가운데 한 사람인 시인 비엘레 그리팽Viélé-Griffin이 그 점에 관해 내게 의미심장한 일화 하나를 들려주었다. 그는 내게 말하기를, "당신도 아시다시피 말라르메는 대단히 많은 자료카드를 작성했는데, 그 내용이 동시대인들의 호기심을 최고도로 불러일으켰습니다. 그는 그 점에 관해 그가 받은 질문들에 절대 침묵을 지켰고, 그의 죽음 뒤에는 그 자료카드들을 불태우도록 명령했답니다. 내가 말할 수 있는 것은, 내가 말라르메와 함께 휘슬러Whistler의 『10시(*ten o'clock*)』를 번역할 때의 일인데, 어느 날 내가 그의 집에 들어갔을 때 나는 그가 자기 책상에 앉아 그 작은 카드 하나를 들고 있는 것을 보았습니다. 그는 얼마 동안 침묵을 지키더니 마치 자기 자신에게 말하기라도 한 것처럼 '나는 이제 더는 감히 그들에게 이것을 쓸 수가 없어. 그들에게 너무 많이 그것을 보내주었기 때문이지'라고 중얼거렸습니다. 그의 곁에 다가간 나는 카드 위에 'Quel(어떤)'이라는 단어 하나만이 쓰여 있는 걸 보았습니다. 그는 그 카드를 다시 종이들 사이에 집어넣었고, 나는 그것에 대해 더는 알아볼 기회가 없었지요."

그토록 추상적인 한 단어에 대해 그러한 공포에 사로잡힌 숭배는 우리가 보기에는 그 숭배를 표명하는 사람의 올바른 예감들을 보여주고 있다. 그런데도 말라르메의 경우에 우리는 예감이 아니라 인식에 대하여 논해야 한다. 사실 지금이야말로 위대한 시인의 신비로운 탐구가 예술의 영역보다도 더욱더 기이하게 고양된 어떤 영역에 속해 있다는 것을 보여주어야 할 때다. 말라르메는 문학을 '교리'로 생각했으며, 용어 본래의 의미에서의 '마법'은 '시'와 분리될 수 없고 그 필수 불가결한 일부를 이룬다고 굳게 믿었다. 그의 생각에 신비주의자들의 오류는 '단어'의 무한한 속성들을 '시'의 바깥에서 사용하는 것이었다. 어쨌든 그의 엄격함은 무엇보다도 그 서글픈 유희를 위해 회한 없이 언어를 사용하는 문학에 적용되었다.

> 진부함! 오, 동포들이여, 때로는 심술궂은 기문奇聞으로 우롱당하는 가련한 카발리스트들과는 달리 그대들이 바로 대중이며 다수입니다.[8] 나는 당신 편에서 불어오는 바람결을 기뻐하겠습니다. 그것이 나의 경멸에 찬 어깨짓을 최후로 없애준다면 말입니다. 아닙니다. 당신

8 이것은 1893년경 장미십자회, 특히 주술로 불랑 신부(l'abbé Boullan)를 살해한 혐의로 기소된 죠세팽 펠라당(Joséphin Péladan)과 스타니슬라스 드 게타(Stanislas de Guaita)가 옹호해야 했던 분쟁에 대한 암시일 것이다. [보니오(E. Bonniot) 박사의 주석]

들은 그들처럼 부주의와 오해로 인하여 예술의 필수적이고 기본적인 작업들을 분리해내어 그것들을 각기 따로 떼어 잘못 완성하는 데 만족하지 못합니다. 그것도 역시 서투른 숭배입니다. 당신들은 그것을 최초의 성스러운 의미까지 지워버리는 것입니다.

또한 말라르메의 사상이 어떤 점에서 카발리스트들의 사상과 근접해 있었는지를 확인할 때, 우리는 그들에 대한 말라르메의 관대함을 이해하게 된다. 보니오 박사가 《프랑스 신평론(la N. R. F.)》에 기고했던 두 편의 논문은 25년의 간격을 두고 쓰인 것으로, 말라르메의 유일한 관심사는 그의 지적 평생을 통해 언어의 문제였다는 것을 증명하고 있다. 따라서 그가 도달한 결론은 그가 남긴 몇 안 되는 징표에 따르면 바로 카발라의 그것이다. 알다시피, 그러한 전통에 의하면, 문학의 연속적인 순서는 요약된 항성체계를 보여줄 것이며, 특히 황도 12궁을 상징화할 것이다. 그뿐만 아니라, 각각의 알파벳 문자들은 그 수와 형태가 대응하고 있는 우주의 여러 힘에 반응할 수 있는 능력을 구성할 것이다.

정확하게는 '문자'라고 지칭되는 이 '문학'은 그 24개의 기호로, 그리고 문채와, 정신적 황도대처럼 배열된 체계인 시에 다양하게 용해되어 있으므로 마치 어떤 신학처럼 추상적이고 비의적인 고유의 교리를 함축하고 있다.[9]

또한 카발라는 각각의 문자들이 수많은 조응의 출발점이자 동시에 도달점이라고 주장하고 있다. 마찬가지로 말라르메도 각각의 알파벳 기호들이 행위수단과 종합을 상징하고 있다는 것을 인식할 것이므로, 「음악과 문자」에서 두 단어로 그것을 적고 있다.

> 행위, 반영: 한 인간이 생겨날 수 있다… 만약에 그가 자신의 모든 것을 비워내는 과정에서 스물네 개의 문자들에 마치 그것들이 무한의 기적에 의해 어떤 언어로 고정된 것처럼 최소한의 경애심을 보존하도록 배려하여 혼자 힘으로 자신의 언어를 재창조했다면. 다음에는 그 대응점에 어떤 의미, 즉 행위, 반영이 생겨나고, 초자연적인 용어로의 변모인 시에 이르게 된다. 에덴동산의 문명인인 그는 어떤 행복보다도, 지복의 요소인 교리와 한 나라를 소유하는 것이다.

---

9 말라르메, 《N. R. F.》, 1929년 1월호.

마침내 시인은 『여담(*Divagations*)』에서 그가 한 처음의 암시들을 명확히 하는 것을 잊지 않았다.

> 시가 머무르게 될 마법과 옛날의 방식들 사이에는 어떤 은밀한 동일성이 존재한다고 나는 말하겠다. 어쩌면 개인적으로는 내가 그것을 지적하는 일을 기쁨으로 삼았을지도 모르는 일이나, 나는 여기에서 나의 동시대인들이 공감한 그 향유능력의 범위를 벗어나 있는 여러 시론試論에 따라 그것을 밝혀둔다.

우리는 여기에서 에드거 포의 관심사들을 다시 생각해 본다. 만약에 단어가 신의 현시에서 비롯되는 관념이라면, 창조력은 본질적으로 관념에 결부된 것이다.

> 암시적이며, 결코 직접적이지 않은 단어로 동일한 침묵에 잦아들면서 암영 속에서 숨겨진 대상을 불러일으키는 일은 창조하는 일에 근접한 시도를 내포하고 있다.[10]

이처럼 시인은 명상할 때에 우주의 힘들을 이용하며, 그것

10 「마법」, 『여담』.

들에 경이로운 동요를 전달하는 듯이 보인다. 그의 언어의 피조물들은 계시의 은총과 함께 정신들에 나타난다. 그가 사용하는 능력 앞에서 시인이 느끼는 고뇌는 장차 기이한 크기를 지니게 될 것이다. 또한, 우리가 볼 때 이 음유시인의 추억 속에는 전설보다도 값진 것이 존재하고 있는데, 그의 음조는 짐승들을 매혹하고, 숲을 그의 심정에 복종시켰다.

제3장

이미지

지적 도취는 쾌락의 흥분과 충분히 비교될 수 있는 것으로, 정신에 시의 움직임을 제공하며, 동시에 무한히 순수한 실재들의 탄생에 결합되어 있는 리듬의 기쁨으로 구성된다. 우리는 그 실재들을 우리의 유약함 속에서 이미지라 명명한다. 그것은 이미지들이 사유의 호수 위에 본질의 그림자를 드리우기 때문이다. 본질의 개념은 우리 마음의 능력 외에는 거의 접근이 불가능한 것이다. 내가 보기에 이 도취는 바로 창조의 도취인 것 같다. 정신은 그에 대립하는 대상을 밝혀내고, 그 행위를 통하여 자기 고유의 존재를 인식하기도 한다. 사고의 작용은 세계 창조의 드라마를 어렴풋이 재연해낸다. 이미지는 그 진정한 수용 안에서 사용된 창조적 언어의 산물로 정의할 수 있는 것으로, 이것은 그 존재에 정확하게 연결되어 수차례 반복 사용됨으로써 유지되는 것이며, 필경은 인간의 우주를 구성할 것이다. 또한 에너지 최초의 생동이 빛의 측량할 수 없는 형태로 현현하여 좀더 조밀한 질료로 두꺼워지며, 여러 계界로 나뉘어서 창조의 격자망을 통하여 그 기원의 진동하는 근원에까지 거슬러 올라가게 되는데, 그 에너지의 물리적 법칙들은 시의 전율에 휩싸인 인간 정신이 하나의 리듬을 낳고, 그 위에서 곧바로 뚜렷한 형태들이 떠올라 서로 뒤섞이게 되며, 마침내는 그들의 출현을 주관했던 고동치는 부동성으로 회귀하게 될 때의 과정들을 그대로 모방한 듯이 보인다.

내 주장은 정신의 역사는 충분히 긴 시간 동안 검토함으로써만 확인될 수 있다는 것이다. 어쨌든 그러한 관점에서 수 세기에 걸쳐 프랑스의 시가 이룩한 진보는 우리가 탐구하는 유추관계가 우리의 오성에 곧바로 나타나도록 하는 데 충분히 완벽한 발전을 보여준다.

예견할 수 있는 방식으로 언어의 양과 침묵을 지정하려는 유일한 배려는 프랑스 최초의 몽상가들을 분명히 자극했다. 그들은 이야기의 이해하기 쉬운 내용을 대중적인 리듬으로 받쳐줌으로써 그들의 청중들에게 부가적인 기쁨을 가져다주는 혼잡한 직관을 소유하고 있었으며, 그 대중적인 리듬의 다양해진 힘들은 엄청난 열기를 낳았다. 시는 감각에 제공하는 그 영원한 회귀의 감정에 의해서만 산문과 구별되었다. 영혼은 균제의 눈사태를 뚫고, 출발점이자 동시에 도달점인 유일한 실재를 감지하려는 쾌락 속에 묻혀버렸다. 더욱더 놀라운 종합은 감소하기도 했다가 복원되기도 하는 발현이지만, 청자는 그 음향의 두께 한복판에서 탄생의 특수한 파열을 맞이할 수는 없다.

에너지의 모든 발산은 그것을 없애려 하는 상반된 운동을 만들어낸다. 르네상스 시대의 시인들은 본능적으로 리듬이 일으킨 분산을 줄이기 시작했고, 그러한 각성에 따라 가까스로 구별되는 요소들을 이미지의 체계 속에 재편성하려고 시도했다. 이 체계는 수 세기가 지난 후에야 완전한 자각이 이루어졌다.

그러나 정신의 거대한 숨결이 그 출현의 순간에까지 그렇게 억제될 수는 없는 일이었다. 총기를 거둔다고 해서 탄환이 지평선으로 사라지는 것을 막지는 못하는 법이다.

초기의 음유시인들이 본능적으로 추구했던 순전히 리듬에 관한 탐구는 17세기의 작가들이 매우 단호하게 다시 다룰 것이었지만, 그들은 직계 선배들이 불붙인 짧은 빛들을 우회할 수밖에 없었다. 그것은 그 빛들이 에너지의 발현 반대편에 통일성에의 회귀라는 너무 이른 반사운동을 나타내고 있었기 때문이다.

라신의 기법은 섬세한 항적航跡에 행한 리듬의 제작을 보여준다. 그의 상승은 비존재에 겨우 잔물결을 일으키는 정도다. 완벽한 도구를 소유함으로써 작자가 지니게 된 확실성을 가지고 데생이 단숨에 그려진다. 하나의 원을 그려내는 손은 맨 처음 출발했던 점에 다시 이르러 거기에서 휴식한다. 운韻은 절대의 기하학적 이미지를 여닫는다.

그러나 음악적이며 지극히 순수한 시행 위에서는 그 어느 실체도 드러나지 않는다. 출현의 모든 가능성들이 화성和聲 덩어리 안에 강제로 담겨 있는 것 같으며, 다만 투명하게 형태들의 발아를 예감하는 것은 가능한 것 같다.

진보적인 물결의 가장 혼란스럽고 가장 열광적인 조건이 마침내 실현되기 위해서는 한 세기 반을 기다려야 한다. 그 조건이란 처음에는 융합된 사물들이 서로 나누어져서 그들을 연결하고 있던 관계에서 떨어져 나와 태어남을 의미한다. 우리가 하는 비교의 차원에서 그러한 상태는 에너지가 물질 속에 응축되어 외부 세계의 양상들로 발현하는 순간과 일치한다.

낭만주의 시대를 검토해보면 대상들을 유발한 마법 위로 그 대상들을 떠오르게 하려는 의지가 보인다. 즉 대상들은 '반대명제'가 그것들을 서로 대립시키는 만큼 더욱 구별되어 나타난다는 것이다. 언어적 창조가 완성된다. 시인들은 다양한 감각물에 미친 듯이 몰두한다. 그들은 반대되는 것들을 좇아 거기에서 결과들을 끌어낸다. 상반된 양극으로부터 반짝이는 불꽃이 솟아난다. 침묵에서 리듬으로 추락한 정신은 요란한 색채와 모서리들 속에 결정적으로 빠져버린다. 가장 위대한 시인들이란 보고, 느끼고, 듣게 해주는 시인들이다.

그때 보들레르는 약간은 냉혹한 잔인함이 배어있는 진지한 어조로 이렇게 쓰고 있었다.

> '시는 어떤 명사를 그와 유사하거나 상반되는 어떤 형용사와 짝지음으로써 감미로움이나 쓴맛, 지복至福이나 공포와 같은 온갖 감각을 표현할 수 있다는 점에서 회화, 요리, 미용술 같은 예술과도 결부되어 있다.

정신이 회귀의 상승곡선으로 다시 뛰어오르기 위해 그 모든 무게로 짓누르는 사람, 운동의 사점死點에 매달리는 것을 받아들일 사람, 자기 고유의 영감에 활력을 주는 능력을 인식하기 전에 그 가공할 추락에 전적으로 몸을 내맡기는 사람 — 그 사람이 바로 보들레르였다.

보들레르는 여러 감각, 즉 향기, 음향, 그리고 색채가 우리에게 전달해 주는 물질의 여러 양상을 종합에의 강한 노력을 통해 통일하는 과제를 스스로 짊어지게 될 것이었다. 발현된 우리는 그가 사물들을 대립시키지 않고 여러 상태를 대조하여 그 본질을 확인하는 것을 볼 수 있을 것이다. 그의 이미지들은 통일성에의 회귀에 대한 준엄한 추구와, 만물조응의 그물망에 잡힌 여러 현상의 갑작스러운 증발을 표현한다.

> 멀리 어둡고 깊숙한 통일성 속에 뒤섞이는
> 기나긴 메아리들처럼
> 밤과 낮처럼 광활한
> 향기와 색채와 음향이 서로 화답한다.

> Comme de longs échos qui de loin se confondent
> Dans une ténébreuse et profonde unité,
> Vastes comme la nuit et comme la clarté,
> Les parfums, les couleurs et les sons se répondent.

독자는 앞장에서 발자크의 다음 문장을 검토할 기회가 있었다는 것을 기억할 것이다.

> 인간에 대한 물질의 네 가지 표현들인 음향, 색채, 향기,
> 형태[1]는 동일한 기원을 지니고 있다.

1 형태는 물론 세 가지의 다른 표현들과 각각 중복된다. 보들레르와 랭보는 이성에 형태의 뜻을 담고 있다.

그리고 랭보의 다음 문장도 기억할 것이다.

> 그 언어는 향기, 음향, 색채 등 모든 것을 요약하는 영혼을 위한 영혼의 언어일 것이다.

독자는 그 놀라운 일치가 우연한 사고에서 비롯된 것이 아니라, 교리의 동일성에 기인한 것으로 생각하기 바란다. 그 감지 가능한 삼위일체를 단 한 사람으로 귀결시키는 것은 삼위일체를 절대絶對로 윤색하거나, 그 그림자에 지나지 않는 하나의 실재를 위해 삼위일체를 부정하는 것과 같을 것이다.

그 종합이 순수한 실재를 솟아나게 할 수 있는 여러 상태의 환기는 다음과 같은 명확한 용어로 그를 사로잡을 뿐 아니라,

> 소리 울려퍼지는 항구에서 내 영혼은
> 향기와 소리와 색채를 흠뻑 마실 수 있으리.
>
> —「머리칼」

> Un port retentissant où mon âme peut boire
> A grands flots le parfum, le son et la couleur.
>
> 〈La Chevelure〉

그에게 어떤 소네트의 은밀한 제작을 명한다.

물결은 하늘의 그림자를 굴리며
음향 { 그 풍요로운 음악의 전능한 화음들을
색채 { 내 눈에 비치는 석양의 빛깔에
장엄하고 신비롭게 뒤섞곤 했지.
…
향기 { 온통 향기가 밴 벌거벗은 노예들은
종려나무 잎으로 내 이마를 식혀 주었고

—「전생前生」

Les houles en roulant les images des cieux
Mêlaient d'une façon solennelle et mystique
sons { Les tout-puissants accords de leur riche musique
couleurs { Aux couleurs du couchant, reflété par mes yeux.
...
parfums { Et des esclaves nus tout imprégnés d'odeur Qui
me rafraîchissaient le front avec des palmes...

〈La Vie antérieure〉

외계의 이러한 축소는 주체에게서 인식의 더욱 완벽한 하나의 양식을 발동시킬 것이다. 그 변별기호는 여러 감각적 인지작용에 있어 단위가 될 것이며, 어떤 존재에게는 그 가능한 인지작용들을 끌어내게 될 터인데, 이때 그 존재에게 물질의 여러 특질은 변별적이기를 멈춘다.

오 하나로 용해된 내 모든 감각의
신비로운 변모여,
그의 숨결은 음악을 이루어내고
그의 음성은 향기를 만들어내네.

–「그녀는 전부」

O métamorphose mystique
De tous mes sens fondus en un,
Son haleine fait la musique
Comme sa voix fait parfum.

〈Tout entière〉

조금씩 본질에 이르게 된 객체의 소멸은 동시에 주체의 소멸을 가져온다. 그 주체는 자신이 대립할 수 있고 자신을 규제하는 한계를 더는 발견하지 못한다. 주름 없는 진공 속에서 그들의 상호용해는 아직도 절대라고 명명될 수 있으며,

처음으로 이미지에 대해 열렬히 탐구된 목적이 된다.

진공眞空을 향한 이러한 행보는 랭보가 '무서운 일꾼들'이라고 명명했던 사람들이 장차 끊임없이 추구할 것이었다. 그러나 랭보는 보들레르가 이루어놓은 지점에서 보들레르의 탐구들을 그대로 다시 취하지는 않았다. 랭보는 이미 얻은 결과들을 무시하고, 자기 노력으로 가치들을 재검토하려는 의지에 충실하여 자기보다 앞선 사람들의 경험을 자기 것으로 만들었다. 그 결과 그의 작품 양상들은 말의 여러 형태를 통한 자신의 추락으로부터 이미지들의 정체성 속에 있는 경련적 부동성에 이르기까지 정신의 오래된 진화를 재생산한다.

그의 초기 시들은 난폭한 이미지들을 싣고 있는데, 그 이미지들의 결합은 영감으로부터 감각적 실재로의 변모, 그 응결을 표현하고 있다. 그의 방법은 이런 것 같다. 즉, 각각의 이미지에 최초 단계로서 하나의 관념이나 비인칭적 실체를 제시한 다음, 다음 단계에서 그것을 가시적 사물들의 차원에서 그 반영들의 가장 큰 덩어리와 만나게 하는 것이다.

그림자가 암소 콧방울처럼 숲에서 침을 흘릴 때

–「세관원들」

Quand l'ombre bave au bois comme un mufle de vache

〈Les Douaniers〉

이러한 신비의 물질화 다음에는 감각적 실재들을 흡수하려는 시도가 곧바로 이어질 것이다. 이미지의 창조력을 통제한 뒤에 랭보는 부정적 가능성들을 추구했다. 그는 인지작용의 자발적 혼돈에 이르렀고, 그런 생각의 순간은 그가 진정한 신이라 불렀던 보들레르를 위하여 낭만주의 초기 시인들에게 품었던 찬사의 포기와 일치한다. 그러니 랭보가 창조해 낸 이미지들의 총제에서 우리가 상응의 이론이라고 당당하게 부르는 체계에 필연적인 결과들만을 보는 것은 어쩌면 당연한 일인지도 모른다. 그가 어떤 사물들에게 그 사물들이 갖고 있지 않은 가능성을 부여하기도 하고,

숲의 가장자리에서 — 꿈속의 꽃들이 종을 울리며,
꽃봉오리를 열고, 빛을 발한다.

—「유년시절」

A la lisière de la forêt — les fleurs de rêve tintent,
éclatent, éclairent.

〈Enfance〉

현실 차원에서는 다루어진 주제에 생경한, 그러나 그와는 완벽한 상응을 이루는 여러 요소로 만든 문장들을 배열하는 데 그의 천재적 재능을 사용하기도 했다.

여러 현상의 본질을 향해 거슬러 올라가려는 그의 노력은 이미지에 대한 최초의 표현을 무겁게 함으로써 두 번째 표현이 가벼워지는(우리가 최초의 시행에서 확인한 것과는 반대로) 사실로 드러날 수도 있다.

…정상의 빛처럼 반짝이는 의복과 금박 장식들

–「도시, Ⅰ」

... Des vêtements et des oripeaux éclatant comme la lumière des cimes

〈Villes, I〉

그러나 그가 보들레르의 교리에서 연역해낼 수 있었던 개인적 효과들은 무엇보다도 외관상 양립이 불가능한 대상들을 과감하게 결합함으로써 이루어진 것 같다.

저녁기도 후 총 한 방처럼
창백한 도깨비불이 일어나지 않는다면.

-「신혼살림」

S'il n'arrive pas un feu follet blême

Comme un coup de fusil après les vêpres.

〈Jeune Ménage〉

서로 연결되어 용해된 감각적 실재들은 하나의 불꽃 앞에서 사라져 버린다. 그것들은 불꽃의 투영일 뿐이기 때문이다.

그러므로 내가 여기에서 제시하지 않으면 안 되는 것은, 한 놀라운 사상가의 고립된 발견이 아니라 우주적 본질이 강제로 도달하는 상태에 대한 표현이 거기에 있다는 사실이다. 그 불가피한 도정은 그 길을 따르는 사람들을 통해 밖으로 드러난다. 그것은 같은 시각에 어떤 사람이 다음과 같은 문장을 썼기 때문인데, 누구도 그를 보았다고 자랑할 수 없을 것이며, 지극히 순수한 그 등장인물은 관념의 표현만을 보존하고 있다.

일반적으로 말하면 기이한 일이지만, 우리가 속성상 서로 가장 대립하고 때로는 외관상으로 가장 적절하지 않은 대상들을 탐구하고, 그런 종류의 재미있는 조합에 호감을 느끼고 참여하게 되는 매력적 성향은, 장담하건

대, 개인적 만족을 구하는 작가의 문체에 진지한 부엉이의 불가능하면서도 잊을 수 없는 면모를 영원히 부여해 준다.

나는 로트레아몽 백작을 말한 것이다.

사고는 자신의 도정에 빠져들자마자 미친듯한 속도로 사물들 사이에서 포착 가능한 관계들을 모으는데, 그렇게 하면 어떤 식으로든 인간의 의식이 지향하는 목적을 규정할 수 있는 통일성의 현현이 거기에서 솟아난다.

로트레아몽이 혁신한 기술은 그 자체로 그를 은유의 대가로 만드는 데 이바지했음이 틀림없다. 말도로르의 영향을 받은 현대인들의 탐구를 보면 사실상 '자동기술법'으로 얻어진 모든 시는 은유적 표현들이 촘촘하게 들어찬 덩어리 모양을 띠고 있음을 알 수 있다. 그 표현들은 길게 늘어진 명제들로 짜여 있는데, 그것이 내게는 시의 무한성을 인식하기 위한 정신의 수많은 흔적으로 보인다. '웃음의 캥거루들'이 통과하는 폭풍우 속에서 로트레아몽은 우리 세계의 대상들이 어떤 식으로 상호교환적이 되는지를 서슴없이 보여준다. 그 당시 말라르메가 '미묘하고 조심스럽지만, 표현 가능한 것'이라 했던 은유는 한 단어에서 다른 단어로의 의미전환을 가능하게 함으로써 대상들의 종합과 그에 따른 상호파괴를 실현한다.

표현 불가능한 실재를 위해 시인들은 형식을 파괴했지만, 그 그림자들의 폐허만을 솟아나게 하진 않았다. 말라르메가 말의 창조력 속에 지녔던 믿음은 그를 특이한 시도로 이끌었을 것이 분명하다. 그가 감각 세계를 본질적 차원에 위치시키고, 그것을 다시 존재와 비존재의 극한까지 이끌고 가는 것을 자기 예술의 사명으로 삼았을 때, 그는 감각 세계의 재현을 생산하면서 동시에 부정하는 형식 안에 투영하려고 시도했다. 그의 방법은 대상을 명명한 다음, 그 대상에 실존을 부여하고, 동시에 부정어를 결합함으로써 대상을 폐기하는 것이었다.

> 흐려진 수정으로 된 그 어떤 꽃병 위에도.
>
> –「소네트」

> Sur aucun bouquetier de cristal obscurci.
>
> 〈Sonnet〉

정신은 그가 그런 식으로 구축한 이미지들과 접촉할 때 경이롭게 얼어붙는다. 나는 그것을 '진공의 이미지들'이라 명명할 것이다.

부재의 그를 전율하며 감싸는 베일에
그, 그의 그림자…

–「보들레르의 무덤」

Au voile qui la ceint absente avec frissons
Celle son ombre...

〈Tombeau de Baudelaire〉

때로는 몇몇 시구들이 포착할 수 없는 실재를 펼쳐 보여준다. 말들이 그 실재를 창조하면서 동시에 삼켜 버린다.

소리 나는 무無의 폐기된 골동품
거장이 스틱스 강에 눈물을 길러 갈 때 가져간
그 유일한 물건, 그 무가 자랑스러워.

–「소네트」

Aboli bibelot d'inanité sonore
Car le Maître est allé puiser des pleurs au Styx
Avec ce seul objet dont le néant s'honore.

〈Sonnet〉

그가 우리에게 보여주는 '스스로 증대되고 스스로 부정하는 자기 자신만 한 공간'처럼 그 속에는 절대의 동의어가 많이 들어있다. 이윽고 그는 어떤 상황의 시편 속에서 그가 빠져나온 극점들의 암시를 적용하고 있다.

어지러움이여! 이제 공간이 전율한다
커다란 입맞춤처럼
누구도 위함이 없이 태어나기를 열망하며
분출되지도 가라앉지도 못하는구나.

–「부채」

Vertige! voici que frissonne
L'espace comme un grand baiser
Qui, fou de naître pour personne,
Ne peut jaillir ni s'apaiser.

〈Eventail〉

그는 단 한 줄의 시구로도 존재와 비존재의 두 어휘를 충분히 결합한다.

침묵의 여악사.

—「성녀」

Musicienne du Silence.

〈Sainte〉

그의 표명으로 긍정적 가치와 부정적 가치들이 대립하기를 멈춘다.

여기 어떤 과일도 맛있게 먹지 못하는 내 허기는
그들의 현학적 결핍에서 똑같은 맛을 발견한다.

Ma faim qui d'aucun fruit ici ne se régale
Trouve en leur docte manque une saveur égale.

'부재한, 없는, 그 어떤, 아무것도, 진공의, 텅 빈' 등의 단어들은 그가 세상으로 끌어낸 대상들의 관습적 형용사들이다. 존재한다고 단언할 수는 없지만, 그 현존이 부정될 수는 없는 세계를 새로이 만들어낸다.

암흑 속 장미 한 송이.

Une rose dans les ténèbres.

여기에서 강조할 것은, 보들레르와 그 계승자들이 추구했던 해체 노력이 완벽한 파괴를 목적으로 나중에 다른 사람들이 '암흑의 명백함', '절대적 아가리'라 명명했던 실재로 감각계를 대치하는 작업에 이바지했다는 사실이다. 창조의 노력은 뒤죽박죽된 대상을 가장 뾰족한 지점에서 내포하는데, 정신은 그 대상에 대립함으로써 무엇보다 먼저 자기 고유의 존재를 실현하고자 한다. 형식의 세계를 구축한 후에 그것을 다시 파괴한 숨결은 출발점으로 되돌아가려 한다.

언제나 어두운 시작,

언제나 증대, 원의 완벽한 둘레

언제나 꼭대기 그리고 (숙명적으로 다시 솟아오르기 위한) 종국의 침몰

이미지들, 이미지들

Toujours l'obscur commencement,

Toujours la croissance, le tour complet du cercle,

Toujours le sommet et l'immersion finale (pour resurgir fatalement),

Images, Images.[2]

오늘날 정신의 진행 과정이 본성을 예감할 수 있을 뿐인 어떤 기원을 향해 그처럼 상승하는 방향으로 가속화되고 있다는 사실은 의심의 여지가 없어 보인다. 보이지 않는 의지의 도구로 확인되는 사람들의 텍스트에서는 그 과정에 대한 의식이 분명히 나타나지 않더라도, 내가 차용한 현대시 이론가 한 사람의 텍스트에는 본질적 실재를 보이는 사물들의 다양성으로 대체하려는 배려가 분명하게 드러나 있다.

> 우리가 옛것의 자리에 우리 것을 만들려고 하는 이 세계의 생성요인이란 시인들이 이미지라 부르는 것 이외의 다른 무엇도 아니라는 사실이 차츰 나타난다. 공허한 관념들은 그것이 아무리 재빠른 것일지라도 시험을 면하지 못할 것이다. 가장 훌륭하게 선택된 문학적 표현 양식들은 언제나 다소 관례적인 법이며, 정신에 하나의 규율을 부과한다. 나는 정신은 그 규율에 적합하지 않다고 생각한다. 예기치 않게 갑자기 무엇인가를 지닌다는 점에서 오직 이미지만이 가능한 해방감의 크

2 월트 휘트먼.

> 기를 내게 부여해 주며, 이 해방감은 무서울 정도로 완벽하다.
>
> 시간이 지남에 따라 이 이미지들의 힘으로 진정한 혁명이 제대로 완수될 수 있을 것이다. 어떤 이미지들 속에는 지진의 기폭제가 있다. 바로 거기에 인간이 가진 특별한 힘이 있다. 그 힘은 원한다면 규모를 점점 확대해 가며 복종하게 할 수 있다. 전능한 이미지들의 미덕과 의지, 거기에는 새롭고 독특한 하나의 현상이 중요할 수도 있다.[3]

우리가 마지막에 인식한 회귀의 길을 직관적으로 가고 있는 현대 시인들을 이해하기 위해서는 그중 한 사람을 선택하는 것으로 충분하다. 폴 엘뤼아르Paul Eluard는 병치로 이루어진 시, 다시 말하면 화답하는 대상들이 둘러싸고 있는 항상 불분명하고 유일한 실재로 구성된 시들을 제시한다. 그는 이런 방법으로 '세계의 감광도를 줄이기'에 이르고자 한다. 어떤 빛에 대한 의식이란 그 분광들이 우리에게 감춰지며, 그것들을 축소함으로써 분출되어야 하는 것으로, 피에르 르베르디Pierre Reverdy의 아주 중요한 문장 속에 명백하게 밝혀져 있다.

---

3 앙드레 브르통, 「생폴루를 기리며(Hommage à Saint-Pol-Roux)」.

> 이미지는 정신의 순수한 창조다. 그것은 직유에서 생겨나는 것이 아니라, 다소간 멀리 떨어져 있는 두 개의 실재를 접근시킴으로써 생겨난다. 근접된 두 실재의 관계가 멀리 있는 것이면서 적절할수록 그 이미지는 강할 것이며 — 더욱 강렬한 감동과 시적 실재를 지니게 될 것이다.[4]

그 유일한 실재를 향해 모든 이미지가 수렴된다는 사실 자체가 결국은 그 이미지들이 호환 가능하다는 의미이며,[5] 본질적 이미지의 발견을 추구할 때 그 본질적 이미지의 배후에서 말씀의 근원적 힘이 움직이게 된다. 원천을 향한 영감의 상승은 모든 표현의 근원 자체로 우리를 이끄는데, 우리의 힘이 절망적으로 향하는 그 무명의 지점에서 마침내 '말씀'과 섞인다.

말씀에서 출발하여 말의 여러 형태를 지나 객관적 창조까지 내려간 정신은 대상들의 단일화를 통해 단일한 이미지로 다시 거슬러 올라가는데, 이미지는 그것에 활기를 불어넣는 말씀 앞에서 스스로 소멸해 버린다. 발레리가 말라르메에 관해서 쓴 것은 그런 의미에서이다.

---

4 브르통, 『초현실주의 선언』.

5 "모든 이미지는 다른 이미지와 충돌할 필요가 있다." 엘뤼아르, 『바리에테』.

> 그는 말씀을 만물의 시작점이 아니라 맨 끝에 놓았다고 말할 수 있을 것이다.

사실 말씀은 만물의 시작과 끝에 동시에 자리하는 것 같다. 결국, 객관적 세계의 소멸은 동시에 주체의 소멸을 가져오기 때문에, 이미지들이 인간에게 반드시 가져다줄 무서운 해방을 예견할 수 있음은 당연한 일이다.

제4장

밤의 의미

시인이 의식이라고 불리는 것의 파괴를 통해서, 혹은 반대로 그것의 무한한 확장을 통하여 영감 상태 속에서 '절대의식'에 접근할 때, 그는 자기의 정신이 세계를 출현시키는 영적 불꽃의 입자이며, 자신은 그 불꽃이라는 것을 인식한다. 그 순간 그는 어떤 대상에 일시적으로 한계들을 부여함으로써 충만함을 인식할 수 있게 해주는 그 대상을 외화外化하려는 욕망에 전율한다.

그 위성들이 지표가 되는 거대하고 가시적인 하나의 '절대관념'이 공간의 어느 한 점에서 끊임없이 솟아올라 거기에서 우주를 만들어내는 것과 마찬가지로, 여러 관념이 시인의 의식 속에 떠올라 말의 반영인 언어의 형태와 음향을 통해 형상화되는데, 그 말로부터 세계가 무한히 솟아난다.

시인은 언어의 힘으로 자신의 우주를 창조한다. 그는 자신의 힘에 경탄하며, 자신이 만들어내는 실재들을 점점 견고하게 둘러싼다. 그 실재들은 시인을 떠나 하나의 독립된 삶을 영위하고 서로 대립한다. 그러나 그 실재들을 정신의 외부로 끌어내는 운동의 논리는 그것들을 결국 정신으로 되돌려 놓는다. 시인은 그가 만들어 낸 외관상 양립 불가능한 실재들을 자신의 이미지 속에서 비교한다. 그는 실재들의 심오한 통일성을 인지한다. 이 순간은 위성들이 일제히 쏟아져 서로 간에 비처럼 떨어져 내리는 불가피한 시간과 일치한다. 그 결과 그들의 가공할 덩어리는 실재들이 눈 깜짝할 사이에 떨어져 나갔던 절대의식에 의해 결국 재포착된다. 시인은 자기가 알고 있는 내적 우주의 실재들을 항성의 조류와 조화롭게 일치하도록 접근시킨다. 그리고 실재들의 상호부정으로부터 파괴의 풍부한 섬광을 끌어내는 데 전념한다. 이 일은 실재들의 폐허 위로 말씀이 배후에서 움직이는 유일한 이미지가 떠오를 때까지 계속된다.

이 엄숙한 순간에 시인은 그가 찾는 해방을 아직도 전혀 얻지 못했으며, 전력을 다해 발현의 원천 자체 저 너머로 향해야 한다는 것을 알고 있다. 그 원천을 향한 과정에서, 그가 무無의 제국을 향해 자신의 의지를 과감히 내뻗는 순간, 시인은 밤의 의미에 사로잡힌다.

이 세계를 믿지 않는 사람들 가운데 가장 의식 있는 이들의 뒤를 쫓아, 그들의 삶이 증발해 버렸을 합일 속에 잠겨 드는 순간에 그들이 불렀던 노래들의 범위를 규정해 보고자 한다.

네르발과 보들레르의 작품에 깃든 그림자는 에드거 포의 시편들에서도 발견되며, 그러한 밤에 대한 강박관념은 말라르메의 창공에 대한 증오와 유사하다. 그러나 그 가치는 일찍이 노발리스가 발견했고, 만물조응의 교리가 밤의 지배를 가져오기 전에도, 밤이 군림할 것이라는 예감은 사멸한 혹성의 미광에 사랑과 죽음이 뒤섞였던 낭만주의의 드라마를 암암리에 자극하였다.

노발리스의 「찬가」에 나타난 빛의 상징은 은밀히 규정된 다수의 해석들을 함축하고 있으며, 우주적 차원, 인간적 차원, 그리고 그것들을 연결하는 관계, 즉 정신적 차원이라는 세 영역과 일치하고 있다.

무성함의 여왕인 빛은 감각의 왕국을 순회하는데, 이 왕국은 빛이 무성함을 낳음에 따라 강화된다. 빛은 왕국이 내미는 모공毛孔들 속으로 끊임없이 삼켜진다. 그 진동은 군림을 야기하고 고정시킨다. 빛은 축적되어 바위의 형태로 굳어지고, 식물의 무리들 속에서 떨어예며, 존재들의 피를 통해 흘러, 인간의 언어 속에 흩어진다. 빛은 정신의 암흑지대에 의식의 중심을 부과한다. 종족의 수천 년의 기억들, 본능적이 되어버린 유산들, 단일성의 감각 등이 이 지대들을 향해 역류하고, 현실의 추상적 개념들이 분명해지는 의식이라는 유일한 빛으로 무장한 인간은 어디에서나 사물들의 무한한 다양성밖에는 더 보지 못한다. 인간은 외부에서 사물들의 통일성의 법칙을 재구축하지만, 그 법칙을 체험하지는 못한다. 그가 관찰하고 구상하는 대상으로부터 고립된 인간은 번민을 인지한다.

그렇지만 빛이 우주를 구축하면서 절대 안에 만들어내는 경향이 있는 결함, 빛에 순응하는 존재들의 정신적 한계, 빛이 낳는 정신적 가치들은 결국 밤의 불가피한 도래에 굴복해야 한다.

이제는 암흑의 여왕이 세 개의 세계 속에서 활동한다. 그 힘의 발현은 우주적 차원에서 감각 세계가 태초의 진공 속으로 재흡수되는 시기와 일치한다. 베단타Védanta는 그 회귀를 프랄라야Pralaya라 했고, 성경은 말세라 했다.

서양의 과학이 에너지는 감소하면서도 재발견된다는 사실을 인정한다면, 항성들의 증발이라는 이러한 가정도 받아들일 수 있다. 우주는 생성기와 해체기가 번갈아 가며 이루어진 리듬 위에서 진보하는 것 같다. 리듬의 2차 시기만이 절대를 갈망하는 시인에게 바람직한 듯이 보인다. 감각적 창조는 한계들로 고통을 받고, 완전함을 기대할 수 없을 것이기 때문이다. 그리하여 노발리스도 정신이 감각계에서 멀어짐으로써 획득하게 되는 실재, 즉 우주의 속이 움푹 팬 거푸집, 그 위에서는 행성 전체가 통찰력 있는 눈을 가진 하나의 구멍처럼 보이는 망상구조, 어떤 창조활동도 절대에 참여할 수 없을 영원히 순결한 성모 등, 그가 '밤'이라 명명하는 그 실재를 향하여 돌아서게 되었던 것이다.

> 나는 어떤 진지한 얼굴이 유쾌하게 놀라서, 나를 향해 부드럽고 고요하게 기울이는 것을 본다. 나는 묶인 머릿단 아래로 그것이 성모의 사랑스러운 젊음이라는 것을 알아차린다. 빛은 지금 내게 얼마나 가련하고 유치한 것인가! 빛에 작별을 고하는 것은 얼마나 고무적이고, 또 얼마나 축복받은 일인가!

이처럼 평온하고 충만한 어조로 노발리스는 분리된 존재 전체의 중단을 예언할 것이다. 거대한 희망에 사로잡힌 그는 빛과 밤의 모순된 실재들이 곧바로 대립하기를 멈출 것이라고 예견한다. 사랑의 원인과 뒤섞이는 밤의 원인에 서서히 점령당한 빛은 일시적인 주름이 그에게 존재하도록 허용한 그림자의 지배적인 면에 의해 다시 포착될 것이다.

나는 이제 최후의 아침이 언제 올 것인지 알고 있다. 그것은 빛이 밤과 사랑을 더는 밀어내지 않을 때다.[1]

그는 계속되는 그의 기원에서 빛의 일시적인 출현을 허용하기 위해 공간으로부터 부분적으로 물러난 밤의 우월성을 부각시킬 것이다. 감각계 앞에서 거룩한 실체의 퇴각이라는 이러한 개념은 신성神性의 그러한 희생을 짐줌Zim-Zoum이라 부르는 카발라의 교시教示와 유사하며, 이것은 노발리스의 메시지를 전체적으로 파악하기 위해서는 우리가 결국 어떤 근원으로 거슬러 올라가야 하는지를 가리킨다. 다음은 그가 빛에 보내는 마지막 언설이다.

(밤은) 그대를 어머니처럼 품고 있으며, 그대의 찬란함은 모두가 밤의 덕택이다. 그대는 스스로 증발하여 가없는 공간 속으로 사라져 버렸을 것이다. 만일 밤이 그대를 품고 그대를 제지하여 그대가 열기가 되어 세계를

1 앞에 나오는 노발리스의 인용은 다음에 나오는 것과 마찬가지로, 우리가 방금 읽은 문장을 제외하고는 제르멘 클라레 씨 부인의 번역에서 가져온 것인데, 이 번역에는 매우 예외적으로 잘못된 의미가 하나 있다. 그것은 '나는 지금 최후의 아침이 언제 올지 알고 있다. 그것은 밤과 사랑이 더는 빛을 밀어내지 않을 때이다…'로, 노발리스의 텍스트에는 'wenn das Licht nicht mehr die Nacht und die Liebe scheucht'로 되어있다. 이것은 '빛이 더는 밤과 사랑을 밀어내지 않을 때'로 옮겨야 한다.

> 낳게 하도록 거기에 있지 않았다면…. 나는 그대 행위의 종말, 천상의 자유, 축복받은 회귀가 다가오는 것을 내 안에서 느낀다. 나는 내 쓰디쓴 고통으로 하여 그대가 우리의 조국에서 더욱 멀어져 옛날의 찬란한 하늘에 저항하고 있음을 알게 된다.

노발리스는 위의 말을 통해 창조 활동이 아직 밤과 투쟁하고 있을 때, 그는 미리 투항하여 자신의 심정을 암흑에 내맡길 줄 알았다는 것을 우리에게 알려준다. 우주적 차원에서 밤의 행위는 예언적 담론의 위력을 통하여 그 가혹한 효력 안에서 우리에게 나타난다. 견자見者의 예언으로 배움을 얻은 우리는 밤이 빛에 양도했던 공간을 다시 점유하게 될 때, 감각 세계는 자신을 배양해준 불꽃과 함께 갑자기 사라져 버릴 것이라는 사실을 알고 있다.

인간 차원에서 밤의 절대력에 대한 분석은 우리가 대우주에서 소우주로의 이행을 수행하도록 만드는 동시에 뜻밖에도 유추 법칙의 한 양상을 증명할 수 있게 해준다. 도취, 무아경, 혹은 수면睡眠이 탐구자에게 제공하는 정신적 암흑은 의식의 중심을 발판으로 퍼져나가, 우주의 밤이 혹성들이 무르익은 공간을 빛으로부터 탈환할 때 이용하는 움직임과 같은 움직임으로 그 의식의 중심을 다시 뒤덮는다.

자신이 추구하는 실재를 향해 돌아선 시인은 자신이 몸을 맡기게 될 힘들을 열거하여, 그에게는 이제 그로부터 달아나는 것과 정신 간의 대립의 결과일 뿐인 개성을 그 힘들이 몰아내도록 할 것이다.

> 어리석은 자들만이 그대를 경멸하고, 진정한 밤이 끝나갈 무렵 그대의 손이 우리에게 드리운 그림자 외에는 다른 잠을 알지 못한다. 그들은 황금빛 물결치는 포도송이 안에서, 편도나무의 경이로운 기름 안에서, 진한 양귀비즙 안에서 그대를 느끼지 못한다. 그들은 그대가 우아한 동정녀의 가슴을 날개로 에워싸 낙원을 만드는 자임을 알지 못한다….

도취의 근원들을 열거하며 사랑의 환기로 끝나는 이러한 점층법은 작가가 한 실재의 포위에 전념하는 시의 본질적인 주제로 우리를 인도한다. 그 실재를 위하여 밤, 어머니, 경애하는 여인이라는 말들이 종국에는 하나의 명사로 합류될 때까지 번갈아 나타나고, 그 명사를 단 한 번 환기함으로써 동정녀 성모의 신화라는 영원한 신화를 정신에 견주어 세워 놓는다. 생명의 유체가 더는 순환하지 않는 혹성의 후원으로 동정녀는 인식의 뱀을 발로 짓이긴다. 그녀의 몸짓은 관찰하는 주체를 인지된 객체에서 떼어놓는 이중성의 파기를 상징한다. 상반된 것들의 통일된 이미지이며, 속성 없는 실재인 동정녀는, 그녀의 물러남이 반대로 빛을 존재할 수 있게 해주는 세계의 어머니요, 그 무엇에도 저항받지 않는 경애하는 여인이며, 우주를 자기편으로 끌어들이는 절대적인 밤이다.

우주의 동정녀는 모든 지상의 동정녀 안에 반영되어, 우리는 사랑의 탐구가 어떤 점에서 밤의 침입에 동의하는 것인지 이해하게 된다.

시인이 창조물들을 자신의 이미지 속에서 외부 세계에 접근시킬 때, 그의 정신이 통합을 추구하는 어떤 유일 대상 앞에 위치할 때까지 그는 인간의 심정이 사랑 안에서 자발적으로 보여주는 행위와 유사한 일련의 행위들을 수행한다. 사랑받는 이의 존재는 더는 구분되지 않는 지점에서 우주의 나머지를 차지한다. 사랑받는 이 외에는 아무것도 존재하지 않으므로, 그밖에는 아무것도 인지될 수 없다. 사랑이 초래하는 '맹목'에 대하여 논해야 한다는 것은 그것이 인간에게 보편적인 종합의 직관을 가져다주기 때문에 마치 특별히 웅장한 명석성에 대하여 논하는 것과 같다. 사랑의 명령에 무조건 복종하는 것은 정신적 차원에서 밤의 승리를 상징한다. 거기에 빠져드는 인간의 개인적 자아는 비자아를 위하여 사라지는데, 이 비자아는 모든 정신이 밤을 향하여 돌아설 때 만나게 되는 미리 운명지어진 짝으로서 각 개인의 부정적 극단이다. 그 완성이 존재와 비존재의 이편에 자리한 상태에 자리를 내어주는 주체와 객체의 통합은 지고至高의 통일로 현현되어 그 안에서 정신은 너인 동시에 나로 인지된다. 이 비자아는 어두운 태양으로 발견되어, 그 실재는 감각적 차원에서 정신이 열중하는 존재의 형태를 취한다.

> 세계의 여왕, 성스러운 우주의 고귀한 예고자, 축복받은 사랑의 수호자에게 찬미를! 그녀는 우아한 약혼녀, 밤의 사랑스러운 태양인 그대를 내게 보내주었지. 나는 지금 깨어있다네. 나는 그대의 것이며 내 것이므로.

밤이 우주를 탈환한 후 곧바로 소멸되는 공간과 시간의 범주들은 심적인 암흑이 정신의 한계를 파기하며 정신에 가져다주는 고통의 소멸과 일치한다. 노발리스는 그러한 유추 관계를 그의 극단적인 결과 안에서 추구했다. 우주의 밤에 부치는 시절詩節 가운데에서 우리는 그가 다음과 같이 표현하는 것을 들었다.

> 한정된 시간은 낮에 귀속되었지만, 밤의 지배는 시간도 공간도 알지 못한다.

우리는 그가, 인간의 정신이 무아경 속에서 도달하는 소통 불가능한 실재를 역시 동일한 부정적 수식어로 환기하는 것을 듣게 될 것이다. 그런 점에서 인간의 의식을 가장 순수하고 가장 논리적으로 우주의 의식에 연결하는 듯이 보이는 찬가는 시인이 그의 사라진 약혼녀의 무덤 앞에서 노래하는 찬가이다. 시의 전환점은 다음 문장으로 구성되어 있다.

> 빛의 사슬은 단번에 끊어졌다네.

이 문장이 개입하기 전의 어조는 극적이며 비통하게 고조되었으나, 그것이 떠오르자 모든 것이 진정된다. 한정된 물질세계는 빛과 함께 사라지고, 동시에 번민은 밤이 점령한 정신에 의해 소멸되어, 그 결과 그의 의식의 불꽃이 대립하고 있던 대상에 결합된다.

> 옛날, 내가 쓰디쓴 눈물을 흘리며 울고 있을 때, 희망은 고통으로 용해되고, 그 좁고 어두운 심연이 내 생의 형태를 담고 있던 황량한 언덕 옆에 홀로 서 있을 때, 그 어떤 고독한 이보다 더 고독하게, 설명할 수 없는 번뇌에 떠밀려 힘없이 비탄의 생각에 잠겨 있을 때, 구원을 찾는 눈으로 나아가지도 물러서지도 못하고 나를 빠져

나가 꺼져버린 그 삶에 끝없는 무기력으로 빠져 있을 때 — 그때 푸른 공간, 내 오랜 행복의 정상들, 황혼의 전율, 그리고 탯줄이 내려와 — 빛의 사슬들이 단 일격에 끊어졌다.

지상의 광채가 사라지고 내 슬픔도 그 빛과 함께 사라졌다. 우울함이 그 새롭고 불가해한 세계로 역류했다. 밤의 무아경, 천상의 잠인 그대가 내게로 내려왔다. 풍경이 조용히 떠오르고, 다시 태어나 자유로운 내 정신은 그 풍경 위를 날아다녔다. 그 언덕은 구름이 되었고, 그 속에서 나는 사랑하는 여인의 달라진 얼굴을 보았다. 그녀의 눈 속에는 영원이 쉬고 있었고, 내가 그녀의 손을 잡자 눈물이 우리 둘 사이의 끊어지지 않는 빛나는 끈이 되었다.

눈물이 감지될 수 있는 반영인 고통은 그의 대상을 향한 의식의 도약을 특징짓는 것으로서, 회귀함으로써 그들 만남의 평온한 연결선이 된다. 그러한 결합으로 인하여 공간이 사라지는 순간에 시간이 정복된다.

멀리 여러 세기가 폭풍처럼 물러나고 있었다.

시인이란 절대에 의해 재포착되려는 강한 의지 속에서 자신의 인간조건 너머로 이끌리는 한 순간이다. 따라서 그림자만을 방사하는 한 실재의 예감에 사로잡힌 그는 결국 확신에 차서 이렇게 말한다.

> 그것은 최초의 유일한 꿈이었다. 그때부터 나는 밤의 하늘과, 그 빛인 '사랑하는 여인'을 영원히 굳게 신뢰하게 되었다.

자기 개성의 음극을 집요하게 추적하는 일은 거기에 열중하는 정신이 신의 현존을 예감하도록 이끈다. 그는 끊임없이 구현하면서 신의 현존을 찾는다. 적어도 한 번쯤은 인식한 실체, 그러나 우주 운동에 내재한 논리가 본질을 구성하는 현현의 다양한 형태 뒤에 갖다 놓아서 그 빛이 다양한 얼굴을 통해서만 새어 나오는 그 실체의 기억에 이끌린 시인은 기호의 강을 지나 현존의 관념까지 거슬러 올라간다. 그리하여 그는 거기에서 그 의미를 해독하고 연인이 몽땅 밤을 향해 열린 함정임을 이해한다.

제라르 드 네르발Gérard de Nerval의 작품이 재생산하는 것은 바로 이 강박관념의 전개이다. 그는 거기에서 자신을 '홀아비', '위로받지 못한 자'로 자처한다. 집요한 끈기로 충만한 그는

'검은 태양'의 불길 아래에서 방황하고 있었다. 그는 그녀를 다양한 가면 아래에서 발견할 것으로 생각했으나, 오직 밤만이 그의 잃어버린 오렐리아Aurélia에게 그를 데려다주게 될 것이었다. 그 여인의 얼굴은 꿈속에서 그를 찾아와 그녀에 대해 특별한 생각이 사라질 때까지 서서히 모습이 변해갔다. 밤의 실재가 네르발에게 발견되게 하기 위해 제공한 여러 다른 모습들은 노발리스가 암흑의 현현을 형용하기 위해 사용한 기원祈願과 일치한다.

> 나는 잠든 동안 경이로운 환상을 가졌다. 여신이 내게 나타나 이렇게 말하는 듯했다. "나는 성모 마리아와 같고, 그대의 어머니와 같으며, 온갖 형태로 그대가 항상 사랑했던 여인과 같다. 그대가 시련을 겪을 때마다 나는 내 모습을 가리고 있던 가면들을 하나씩 벗었으니, 머지않아 그대는 나의 본모습을 보게 되리라…."

노발리스와 네르발이 시련을 통해 노래한 시들 가운데서 우리에게 감명을 주는 어휘들 — 동정녀, 어머니, 사랑하는 여인 — 의 유사성은 시적 체험의 길들이 도달할 수밖에 없는 자명함 앞에서 그들이 조우하는 신호인 것 같다.

오렐리아의 존재는 네르발에게 빛의 덩어리 속에 열린 그림자의 입구가 되어, 갈망하는 암흑에 다가갈 수 있게 해준다. 경계가 없는 실재의 크기로 자라나, 인간의 정신이 자신과 자신의 기원이라는 추상적 개념 사이에 위치시킨 이미지들과 조금씩 뒤섞인 오렐리아는 심연에 사로잡힌 명상을 하는 동안 인간의 모든 주기 가운데 밤의 윤곽 없는 얼굴을 취했다.

> 나는 어머니이며 성스런 배우자인 영원한 이시스Isis를 다시 생각했다. 나의 모든 열망과 기원은 그 마술적인 이름 속에 뒤섞여 내가 그녀 안에서 다시 태어나는 것처럼 느껴지고, 때로 그녀는 고대 비너스의 모습으로, 또 때론 기독교인들의 동정녀 같은 모습으로 내게 나타났다. 밤은 나를 이 사랑스러운 환영에게 더욱 분명하게 데려갔다.

오렐리아의 신화적 모습들은 꿈의 찬란한 풍토 속에서 태어났으며, 거기에선 그 어떤 햇빛의 진동도 그림자의 지배적이며 잔잔한 흐름에 흠을 내지 못한다.

> 꿈속에서는 아무리 생생한 밝음을 자주 인지한다 해도 결코 태양을 보진 못한다는 것을 누구나 알고 있다. 사

물이나 육체는 스스로 빛을 발한다.

불꽃 없이 낮의 밝음 속에 세워진 오렐리아는 마지막 가면을 흘러내리게 하고 탐색자의 닫힌 눈에 그녀 얼굴의 무서운 우물을 나타나게 한다.

깊은 사색은 어떤 개별 존재에서 출발하여 여러 우주적 대응물로 올라가고, 그 여러 양상의 배후에서 그것들을 탄생시키는 순수관념에 이르는 연속적 단계들을 거친다. 그 단계들은 네르발이 아르테미스[Artémis]를 환기하면서 오렐리아의 기억과 달의 얼어붙은 힘과 죽음의 찬양에 바친 소네트 속에 믿을 수 없을 만큼 집약되고 재포착되어 있으며, 결국은 대응물들의 심오한 동일성 속에 지시되어 있다.

열세 번째 여인이 돌아온다… 그녀는 다시 첫 번째 여인이다.
또한 언제나 단 하나뿐인 여인, — 아니면 단 한 번뿐인 순간.
그대가 여왕인 까닭에, 오 그대여! 첫 번째 여인인가 마지막 여인인가?
그대는 유일한 최후의 연인인 왕인가?

요람에서 관까지 당신을 사랑한 이를 사랑하시오.
나만이 오롯이 사랑한 그녀가 더욱 달콤하게 나를 사랑한다오.

그것은 죽음 — 아니면 죽은 여인… 오 환희여! 오 고통이여!
그녀가 들고 있는 장미, 그것은 접시꽃.

두 손 가득 불을 쥔 나폴리 성녀,
보랏빛 가슴의 장미, 성녀 귀될*의 꽃.
그대는 천상의 사막 속에서 그대의 십자가를 찾았는가?

백장미여, 떨어져라! 너희들은 우리의 신들을 모욕하느니,
떨어져라, 백색의 유령들이여, 너희들의 불타는 하늘에서
— 심연의 성녀가 내겐 더욱 성스러워 보이는구나!

La Treizième revient... C'est encore la première ;
Et c'est toujours la seule — ou c'est le seul moment ;
Car es-tu reine, ô toi ! la première ou dernière?
Es-tu roi, toi le seul ou le dernier amant?

Aimez qui vous aima du berceau dans la bière ;
Celle que j'aimai seul m'aime encor tendrement :
C'est la mort — ou la morte... O délice ! ô tourment !

---

* 로마 가톨릭교회의 성녀. 벨기에의 국가수호 성녀이자 브뤼셀의 수호 성녀. (역주)

La rose qu'elle tient, c'est la Rose trémière.

Sainte napolitaine aux mains pleines de feux,
Rose au cœur violet, fleur de Sainte Gudule :
As-tu trouvé ta croix dans le désert des cieux?

Roses blanches, tombez ! vous insultez nos dieux,
Tombez, fantômes blancs, de votre ciel qui brûle :
— La sainte de l'abîme est plus sainte à mes yeux !

첫눈에 정신 깊숙이 매혹이 가득 들어차는 이 시의 추론적 의미를 캐들어가려면 어휘들의 동기가 된 교리에 비추어 독자의 의식 속에서 그 어휘들에 대하여 상세하게 분석해야만 가능할 것이다. 네르발은 작품 여러 군데에서 그에게 생기를 불어넣은 신비주의적 관심사들을 우리에게 나누어 주었다. 성인이 되자마자 그가 집안의 다락방 속에서 연금술과 카발라에 관한 옛날의 서적들을 발견한 것은 그의 정신적 향방에 결정적인 영향을 미쳤다. 그가 살았던 삶 자체, 그리고 그의 주요한 작품들이 그 흔적을 담고 있을 것이었다. 따라서 아르테미스의 소네트 속에 나타난 숫자의 상징은 수에 관한 카발라의 첫 번째 가르침들과 마주쳐야만 그 온전한 의미를 파악할 수 있다.

13을 구성하는 숫자의 합은 4로, 이 수의 카발리스트적 의미는 여호와[Jéovah]란 단어가 히브리어 Iod-Hé-Vau-Hé의 네 음철로 분해된다는 분석의 결과이다. 처음 세 음철은 창조자의 삼위일체된 힘을 나타내는 한편 마지막 음철은 발현된 세계와 관련이 있다.

이 성스러운 이름의 내부에서, 첫번째 음철 Iod는 긍정적 원리를 표현하며 거기에 부정적 요소 Hé가 대립하는 한편, 그들의 모순은 종합적 어휘 Vau 속에 용해된다. 앞의 세 요소에 이은 네 번째 단어 Hé는 신성[神性]의 두 번째 원리의 반복일 뿐이며, 따라서 발출 음극의 실재가 없는 반영이다. 숫자 4는 감각적 창조와 관련이 있으며, 절대와 관련해서는 실제 존재가 없다.

그것은 변증법적 운동의 세 단계인 정, 반, 합을 뒤따르는 상태를 가리키며, 원의 닫힘과 동시에 새로운 발현의 출발점을 나타내고 있다. 따라서 13이란 수가 그 한 양상일 뿐인 숫자 4는 어떤 행위의 전개를 막는 점이며, 새로운 운동의 첫 번째 어휘라는 이중의 가치를 지닌다.

열세 번째 여인이 돌아온다…. 그녀는 다시 첫 번째 여인이다.

몽상의 지평으로 귀환하는 오렐리아, 그리고 밤의 심연 너머로 귀환하는 아르테미스는 각각 수 13으로 표현되어, 본능적 민간신앙으로는 동시에 죽음의 의미를 지니게 되는데, 이들의 귀환과 사건들의 행복한 연결을 환기하는 힘이 시인의 정신에 밤의 창조적 면모와 파괴적 면모 가운데 하나를 선택하도록 요구한다.

> 그대가 여왕인 까닭에, 오 그대여! 첫 번째 여인인가 마지막 여인인가?

다음 구절을 보면 네르발이 선택한 상징적인 수가 시인이 연결한 우주적 실체와 정확하게 대응하고 있다.

> 13은 어떻게 보면 달의 수로서 황도대에서 태양의 회전과 달의 회전 비율은 13대 1이다. (달은 하루에 13도 운행하며 일 년에는 13번의 삭망월이 들어 있다.) 오직 태양만이 12진법으로 행성들과 함께 조화로운 변화를 무리 없이 해나가고 있다. 달은 환원 불가능한 비동기非同期 리듬으로 이 불변의 관계들을 방해한다. 달의 활동은 영원한 주기의 네 국면 안에 갇혀 있을 테지만, 선한 면과 악한 면을 혼합하여 점성술의 선과 악을 만들어 내

며, 불규칙한 월식을 낳는다. 달은 자연의 풍요로운 어머니이든가 죽음의 여신, 다시 말해 이시스Isis이거나 헤카테Hécate이다.[2]

세 가지 리듬으로 전개된 운동의 제1기로서 긍정적 모습으로 나타나는 아르테미스, 오렐리아, 아니면 달, 어머니 같은 밤의 여왕이 시인의 삶의 전개를 주관한다.

요람에서 관까지 당신을 사랑한 이를 사랑하시오.
나만이 오롯이 사랑한 그녀가 더욱 달콤하게 나를 사랑한다오.

운명의 세 여신,* 혹은 밤의 딸들은 손에 운명의 실을 쥐고 있어, 모든 창조행위가 따르는 3박자 리듬의 형상화일 뿐이다.

네르발은 죽음을 탄생에 선행하는 밤과 혼합하여 그것을 '그것은 죽음 — 아니면 죽은 여인'이라는 말로 오렐리아의 이미지와 결합한 후, 거기에 감탄사를 붙였다. "오 환희여! 오 고통이여!" 이것은 우리가 인식한 밤의 이중적 양상을 명백하게 겨냥하고 있다. 또한 운동의 3원적 전개를 따르는 부

2 Allendy 박사 저, 『수의 상징주의(*Le Symbolisme des Nombres*)』, Charcornac 출판사.

* 그리스어로는 모이라이, 로마어로는 파르카이, 프랑스어로는 파르크. (역주)

동성의 기간에 세 가지 힘이 잠재되어 있음을 표현하기 위해 네르발은 이렇게 덧붙였다.

> 그녀가 들고 있는 장미, 그것은 접시꽃.

이 상징적인 꽃이 제4기를 낳게 되면, 그 꽃은 창조의 십자 형상을 마침내 실현할 것이다. 그것은 물, 공기, 불, 흙이 우주 속에 4원소의 골격을 구성하는 방식이다. 바로 거기에서 결함 없는 밤에 대한 시인의 의분이 제기된다.

> 그대는 하늘의 사막에서 그대의 십자가를 찾았는가?

장미 십자가의 상징이 시 너머로 조금씩 떠오른다.

암흑의 '보랏빛 가슴의 장미'와 대비되어 별들이 마치 '백장미'처럼 어둠 속에서 빛난다. 그 별들은 순수한 씨줄 속에 틈을 열고, 밤의 가슴 속에 깃든 '세 명의 신'의 타락을 기록한다.

> 백장미여, 떨어져라! 너희들은 우리의 신들을 모욕하느니,
> 떨어져라, 백색의 유령들이여, 너희들의 불타는 하늘에서
> — 심연의 성녀가 내겐 더욱더 성스러워 보이는구나!

살아있는 별들을 이긴 아르테미스의 승리를 축성하고, 결국 밤의 파괴적 양상을 위한 네르발의 선택을 나타내는 본질적 단어들이다.

어두운 여왕의 지배권이 밤에 의해 다시 조금씩 포착되고 흡수된 빛의 포위로 이해된다. 혹은 그 지배권이 주체와 객체의 융합으로 분석되어, 그 소멸이 소통 불가능한 명증성에 자리를 내어준다는 것, 이 개념들은 빛과 그림자라는 상반된 두 어휘의 융합을 함축하고 있으며, 그것들이 소진되는 유일한 지배를 수립하는 데 우리가 두 번째 것을 위해 첫 번째 것의 중요성을 무시하지 않도록 은연중에 막아준다. 노발리스와 네르발은 발견의 움직임 속에 휩쓸려 그림자의 가치를 규정하려는 노력을 기울인 반면, 보들레르는 시적 체험으로 얻은 실재의 요소들에 관하여 의문을 품고, 요소들을 종합하는 묘사에 앞서 선결해야 할 모순율을 고려했다.

『악의 꽃』의 네 번째 시에서부터, 즉 그의 이론의 본질을 담고 있으며 작품의 전과정을 지배하는 소네트 「만물조응(Correspondances)」에서 보들레르는 감각 세계의 여러 양상 속에서의 심오한 통합을 '어두운'이라는 말로 수식한다. 그는 우주의 뿌리들이 암흑 속으로 삼켜지는 것을 본다. 그러나 그 어떤 호칭도 허용할 수 없는 속성을 지닌 '통합'이라는 단어 옆에 첨부한 어휘 속에 내포된 밤은, 저녁이 우리에게 가져다주는 유일한 밤에만 관계될 수는 없을 것이다. 그는 어떤 실재의 현존을 환기한다. 그 실재가 가진 지상의 밤은 단지 우리 눈동자의 범위에 들어온 하나의 유추일 뿐이다. 절대 암흑은 밤도 빛도 포함할 수가 없는데, 그 이유는 그 각각의 힘이란 상호 대비에 의해서만 존재하여 서로 제한될 뿐이기 때문이다. 절대 암흑은 밤과 낮의 상태에 속하지 않고 그 둘을 동시에 내포하고 있다. 따라서 보들레르가 그의 절대적 실재를 묘사한 것은 상반된 것들의 용해를 표현하기 위해서이다.

밤과 낮처럼 광활한

그가 몽상가의 직관에 도달한 바로 그 순간, 철학적 오성을 충족시키고자 하는 배려는 그가 「아름다움에게」 보내는 「찬가」에서 좀 더 깊이 인식되는데, 그는 의도적으로 천상의 비너스가 지상의 비너스로 미끄러지게 한다. 시인이 아름다움에 제기하는 의문들과 그 아름다움에서 인식하는 속성들이 '모순된' 어휘의 나열 속에 포함되어 있다. 그 점에서 가장 눈길을 끄는 시구는 아마도 다음 구절일 것이다. 그 의미는 앞서 발췌한 소네트 「만물조응」 시구의 의미와 짝을 이룬다. 「만물조응」에는 밤의 본성과 넉넉함이 묘사되어 있다.

그대는 눈 속에 석양과 새벽빛을 담고 있어.

절대적 밤 안에서 빛과 그림자의 공존은 보들레르가 저녁과 아침을 환기함으로써 분명해졌다. 그것은 시인이 그림자와 빛을 선과 악의 모습으로 묘사한 더욱 추상적인 시구들 이후의 일이었다.

그대는 깊은 하늘에서 오는가, 심연에서 나오는가
오 아름다움이여, 그대의 신성한 악마 같은 시선이,
선행과 죄악을 뒤섞어 퍼부어 대니,
그런 그대를 포도주에 비유할 수 있겠구나.

처음에는 관념들 앞에, 다음에는 구체적 현실 앞에, 그와 동시에 그것들을 서로 대립시키기 위한 선택의 의도와 함께 모순적 실재들(선과 악, 일몰과 일출) 앞에 — 그 합은 '절대미'이다 — 단계적으로 우리를 데려다 놓는 이 방식은 그것들을 만들어 낸 작가의 사고를 플라톤식 변증법의 흐름 속에 위치시킨다. 그러나 보들레르는 자신이 사랑하는 여인을 통해 밤과 동일시하는 아름다움의 어둡고 메마른 본성을 인식한다.

노발리스나 네르발과 마찬가지로 보들레르에게도 사랑하

는 여인은 '아름다움'이라는 순수관념의 감각적 모습이며, 무한한 밤의 어두운 폭발이다. 그는 자기의 존재를 대우주를 본뜬 소우주, 정지해 있지만 정확한 윤곽을 띤 세계 짜임새의 반영으로 생각한다. 인간존재와 하늘 사이의 이러한 유사관계는 상응의 이론에서 직접 나온 것으로서 스베덴보리Swedenborg의 저서들 속에 있다. 보들레르가 스베덴보리의 저서에서 그 관계를 길어 오지 않았다 하더라도 적어도 스웨덴의 신비주의자가 갖는 직관과 마주칠 기회는 있었다. 그뿐만 아니라 우리는 그가 『낭만주의 예술론』에 나오는 다음 행에서 스베덴보리를 참조하고 있음을 명백하게 알게 된다.

> 스베덴보리가 이미 하늘이 아주 커다란 인간임을 우리에게 알려 주었다. 자연계처럼 영계에서도 형태, 움직임, 수, 색채, 향기, 이 모든 것들은 의미 있는 것이며, 상호적이고 환위적이며 서로 상응한다.

이 참조체계를 구성하는 열쇠를 통해 우리는 그 총체적 영향력 안에서 다음과 같은 이미지를 이해할 수 있다.

> 한가로이 사랑하고
> 사랑하다 죽으리

그대 닮은 나라에서

사랑하는 여인의 매력과 유사한 매력을 지닌 나라를 향한 이 솔깃한 부름에 이끌려 우리는 낮의 불길이 부서지는 문턱에 점점 다가간다. 「여행에의 초대」는 밤의 지배를 향해 곧바로 열린다.

— 저무는 태양들이
밭을 꿈꾸고
운하를 꿈꾸고,
히아신스와 황금의 도시 전체를 꿈꾼다.
세계는 잠든다
훈훈한 빛 속에.

세계의 소멸에 이어 밤이 오고 그 밤을 향해 우리는 시의 움직임을 비밀리에 날랐다. 밤은 우주가 흩어져버린 심연 위에 제 영역을 넓혀 간다. 밤의 속성들은 사랑하는 여인의 속성과 유사하게 '상응한다.'

…바로 그곳, 그토록 고요하고 그토록 꿈속 같은 아름다운 나라에 가서 살며 꽃 피워야 하지 않겠는가? 그대

는 그대 닮은 나라에 둘러싸여 신비주의자들이 말하는 대로 그대의 고유한 '상응' 속에서 그대를 비춰볼 수 있지 않겠는가?

스베덴보리의 이론을 끌어들인 것은 여기에서 알 수 있다. 시인은 자신의 행복을 갖다 놓는 정신적 밤의 대상들을 명명함으로써, 그리고 그것들을 자기가 사랑하는 여인과 연관시킴으로써 자신의 사고를 점점 명확하게 한다. 운문시에서는 상징적인 「여행에의 초대」가 산문시에서 명확해진다.

그 보석들, 가구들, 호사, 질서, 향기들, 기적의 꽃들, 그것은 바로 그대이다. 그 커다란 강들과 조용한 운하들 또한 그대이다. 부富를 가득 싣고 소종산의 단조로운 노랫소리가 들려오는 그 거대한 배들도 그대 가슴 위를 구르거나 잠자는 내 생각들이다. 그대는 그 배들을 '무한'인 바다로 천천히 인도하며 그대 아름다운 영혼의 맑음 속에서 하늘의 깊이를 생각한다 — 그리고 동방의 물건들을 가득 싣고 파도에 지친 그들이 고국의 항구로 돌아올 때, 그것 역시 무한에서 그대에게 되돌아가는 나의 풍요로워진 생각들이다.

이 시의 마지막 단어들은 주의를 환기하다가 보들레르가 연인과 하늘 사이에 끊임없이 암시하는 상응에 주의를 고정한다. 그것은 밤의 침입이 완벽으로 이끄는 무한의 이미지이다. 『악의 꽃』에서 읽을 수 있는 시의 대부분은 이 주제의 변용으로 이루어져 있다.

나 그대를 밤의 둥근 천장처럼 열렬히 사랑하오
오 슬픔의 꽃병이여, 오 말 없는 키 큰 여인이여.

–「나 그대를 밤의 둥근 천장처럼 열렬히 사랑하오」

Je t'adore à l'égal de la voûte nocturne
O vase de tristesse, ô grand taciturne.

〈Je t'adore à l'égal de la voûte nocturne〉

신비로운 밤이 빛과 그림자의 상반된 매력을 융합하는 것과 마찬가지로 사랑하는 여인은 그 현존을 통해서 상반된 힘들의 종합을 실행한다.

그녀는 새벽처럼 눈부시고
밤처럼 위로하지.

–「그녀는 전부」

Elle éblouit comme l'aurore
Et console comme la Nuit.

〈Tout entière〉

오직 그녀에게만 있는 그녀의 머리칼은 암흑의 지배를 환기한다.

파란 머리칼, 세상에 깔린 어둠의 정자亭子
그대는 내게 드넓은 둥근 하늘의 푸른 빛을 돌려주니.

-「머리칼」

Cheveux bleus, pavillon de ténèbres tendues
Vous me rendez l'azur du ciel immense et rond.

〈La Chevelure〉

그녀의 눈은 어떤 힘의 원천이다. 그녀의 눈을 접한 감각세계의 외관들은 증발한다.

그대는 가장 유명한 눈도 무시할 수 있으리라
내 사랑의 아름다운 눈, 거기서 스며나와 달아나는
밤처럼 좋고 달콤한, 알 수 없는 그 무엇!

아름다운 눈이여, 그 매혹적인 어둠을 내게 부어다오!
(...)
내 사랑은 깊고 넓은 눈을 가졌으니,
드넓은 밤이여, 그대처럼, 그대처럼 빛나는 눈을!

—「베르트의 눈」

Vous pouvez mépriser les yeux les plus célèbres
Beaux yeux de mon enfant par où filtre et s'enfuit
Je ne sais quoi de bon, de doux comme la Nuit !
Beaux yeux, versez sur moi vos charmantes ténèbres !
...
Mon enfant a des yeux profonds et vastes,
Comme toi, Nuit immense, éclairés comme toi !

〈Les yeux de Berthe〉

연인의 차가움은 벌거벗은 몸들의 무감각, 그리고 밤의 지배가 수반하는 열기의 부재와 유추를 이룬다.

그리고 나는 사랑하지, 오 무자비하고 잔인한 짐승이여,
그 차가움까지, 그로 인해 그대는 내게 더 아름다워지니.

—「나 그대를 밤의 둥근 천장처럼 열렬히 사랑하오」

Et je chéris, ô bête implacable et cruelle
Jusqu'à cette froideur par où tu m'es plus belle.
〈Je t'adore à l'égal de la voûte nocturne〉

시인은 밤에 밀려나는 태양의 퇴각 속에서 사랑하는 존재의 시선이 그에게 쏟아붓는 고통과 유사한 고통을 발견한다.

세상에 이보다 더한 공포는 없어
얼음 태양의 차가운 잔인함
그리고 태고의 혼돈을 닮은 이 광활한 밤보다.
—「깊은 심연에서」

Or il n'est pas d'horreur au monde qui surpasse
La froide cruauté de ce soleil de glace
Et cette immense nuit semblable au vieux chaos.
〈De profundis clamavi〉

연인의 눈과 하늘 사이의 상응은 「안개 낀 하늘」이란 제목의 시에서 명확해진다.

그대의 시선은 증기로 가리운 것 같아

온화하다가 꿈꾸다가 잔인해지기도 하는
신비로운 그대 눈은(푸른 빛인가 잿빛인가 초록빛인가?)
하늘의 무기력과 창백함이 서려 있네.

On dirait ton regard d'une vapeur couvert
Ton œil mystérieux (est-il bleu, gis ou vert?)
Alternativement tendre, rêveur, criel,
Réfléchit l'indolence et la pâleur du ciel.

게다가 여인은 밤의 여왕에게서 '별의 서명'을 받았다.

변덕 그 자체인 달이 그대가 요람에서 잠자는 동안 창을 통해 바라보며 중얼거렸다. "이 아이가 맘에 들어".

그리고 구름 계단을 살며시 내려와 소리 없이 유리창을 넘었다. 그러더니 어머니의 온화한 숨결처럼 그대 위로 퍼지며 그대 얼굴 위에 자기 색깔을 내려놓았다.

이어지는 시행들에서는 보들레르의 집착을 알 수 있다. 그는 바다, 향기, 그리고 모든 동물 가운데 특히 고양이들을 찬양한다. 고양이들은 옛날부터 전통적으로 달에 바쳐졌다.

> …온통 생생한 그 빛이 생각하고 말하기를, "너는 영원히 내 입맞춤의 힘에 따를 것이다. 너는 나처럼 아름답게 될 것이다. 너는 내가 사랑하고 또한 나를 사랑하는 것을 사랑하게 되리라. 물, 구름, 침묵과 밤, 푸르고 거대한 바다, 단 하나의 형태이면서 무수한 형태인 물, 네가 없을 장소, 네가 알아보지 못할 연인, 무시무시한 꽃, 매혹적인 향기, 피아노 위에서 황홀해져 여인네들같이 부드럽고도 쉰 목소리로 가르랑거리는 고양이들.
>
> —「달의 선행(Les bienfaits de la lune)」

온전히 밤으로 향한 보들레르의 생각은 길의 여러 단계를 다시 밟아간다. 그 길이 우리에겐 보이지 않지만 네르발은 찾아냈다. 사물들이 저 스스로 빛나는 태양이 없는 나라를 다시 찾아내는 것을 우리는 보들레르의 꿈속에서 볼 수 있다.

> 하늘 끝까지, 그 어떤 별도
> 태양의 흔적도
> 저마다의 불길로 빛나는
> 이 기적들을 밝혀주진 않아.
>
> —「파리의 꿈」

Nul astre d'ailleur, nul vestiges
De soleil, même au bas du ciel,
Pour illuminer ces prodiges
Qui brillaient d'un feu personnel.

〈Rêve Parisien〉

네르발과 마찬가지로 보들레르의 체험도 사랑을 통해서 그를 어떤 실재의 문턱에 도달케 하는데, 그때 우주적 밤은 별들의 현존이 그의 시선과 교대하는 하나의 이미지이다.

오 밤이여, 너는 정말 내 맘에 들 텐데,
알려진 언어를 빛으로 말하는 별들만 없다면!
내가 찾는 건 공허요, 암흑이요, 나신인 까닭에!

–「망상」

Comme tu me plairais, ô Nuit, sans ces étoiles
Dont la lumière parle un langage connu !
Car je cherche le vide, et le noir, et le nu !

〈Obsession〉

당시 사람들에 관한 보들레르의 편향마저도 우리를 그가

탐구하는 본질적인 대상에 다가가게 한다. 그의 바그너 옹호, 그가 에드거 포에게서 발견해낸 영적 인접성 등은 '공감'이라는 것이었다. 여기에서 공감이란 이 단어의 총체적 의미로서 공동의 고통을 나누어 갖는 것이다.

노발리스, 네르발, 그리고 보들레르가 몰입했던 사랑 속에서의 순교자적인 절대 탐구는 그 실험자들에게 개인적 실존의 희생을 강요하는 것으로서, 트리스탄과 이졸데의 신화를 주제로 쓴 바그너의 시 속에도 나타나 있다. 암흑은 그 드라마의 절정에서 한 덩어리가 된다. 이졸데는 트리스탄의 접근을 오래전부터 막아왔던 장애물이 없음을 알리기 위해 문에서 타오르고 있는 횃불을 꺼야만 한다. 그 횃불은 지각세계와의 이별을 상징한다. 이졸데는 하녀의 충고에도 불구하고 다음과 같이 말한다.

신호를, 브랑고엔아
오! 신호를 해라!
횃불을 버리고, 불을 꺼라!
우리 위로 온통
밤이 내리게 해라.

그리고 브랑고엔이 두려움에 사로잡히게 되자 이졸데가

몸소 문 앞으로 뛰어간다.

> 횃불
> 그것은 기쁜 내 삶의
> 불이었지,
> 떨지 않고 그것을 끄리라.

트리스탄의 첫마디는 빛의 부정이다. 그 빛은 형태의 다수성을 낳고 사랑하는 여인으로부터 그를 떼어 놓는다. 그는 사랑의 미약이 그의 가슴 속에 '밤의 제국'을 열어놓은 이래로 자기가 이졸데에게 얽매인 예정된 숙명의 힘을 찬양한다. 연인들은 서로 끌어안고 세상으로부터 자유롭게 해달라고 암흑의 여왕에게 간청한다. 그리하여 그들의 소원이 성취되고, 그들 자신이 우주가 되었다고 느끼는 순간, 그들은 이제 단 하나의 존재로서 말한다.

> 매료된 내 시선은 장님이 되어
> 세계의 모습이
> 멀리 사라지네
> 그 공허한 빛이
> 우리를 기만했으니…

오로지 나만이
오로지 나만이
내가 곧 세상이라네.

주체와 객체의 파괴가 이행되는 결합의 상징은 조금씩 분명하게 존재의 소멸을 상징하게 된다.

— 트리스탄이 돌아갈 그곳에
너 이졸데여 그를 따르려느냐?
트리스탄이 꿈꾸는 그곳은
태양도 빛나지 않느니.
　밤이 거기 있어
　검은 나라가
　거기에서 내 어머니는
　나를 꺼냈지…[3]

이졸데는 이 절대 안에서의 만남에 굴복해야 한다. 이 만남이 밤의 승리를 실현할 것이다. 그러면 드라마의 막이 내린다. 죽은 트리스탄의 음성은 신의 말씀과 뒤섞인다. 이졸데는

---

3 이 〈트리스탄과 이졸데〉의 구절은 알프레드 에른스트(Alfred Ernst)의 번역에서 발췌한 것이다.

감각 세계의 여러 양상인 음향, 향기, 색채의 세 요소를 지나 '성령'의 숨결까지 거슬러 올라가고 그곳에서 의식으로부터 해방되어 '생각 없이' 사라진다.

어떤 단어도 발음될 수 없는 상태, 그리고 의식의 개념이 주체와 객체 사이에서 상정하는 심연이 결정적으로 메꾸어지기 때문에 실제와 다른 어떤 인지작용도 더는 존재하지 않는 상태를 위하여 우리가 의식이라고 명명하는 것의 파괴는 사랑 속에서 실현되어 죽음과 유사한 것이 된다. 이 파괴는 일시적일 뿐이어서 생명에는 전달되지 않든, 또는 어떤 동물은 사랑의 결합이 배우자 중 하나의 죽음을 초래하는 것처럼 존재의 희생을 수반하든, 결국에는 사랑의 요청이 암흑의 덫에 걸린 의식의 희생을 초대하도록 만든다. 에드거 포는 사랑의 논리로 인하여 사랑하는 여인을 죽은 여인의 형상으로 그린다. 그에게 사랑의 관념은 죽음의 관념과 불가분의 것이 되어, 그의 작품은 죽은 이들의 행렬이 가로지른다. 그것은 네르발의 작품에 죽은 여인들이 끊임없이 이어져 그 얼굴들이 오렐리아 한 사람의 얼굴을 재구성하고 있는 것과 같다. 보들레르는 엘레오노라가 출현한 에드거 포의 콩트를 번역한 말미에 "다른 육체들을 가진 하나의 영원한 영혼이라는 이 가설"이라고 적고, "많은 시인이 종종 다양한 관계 속에서 유일한 한 여인의 이미지를 추구했다"라고 덧붙인다.

에드거 포는 명상을 통해 매 순간 보이는 사물들을 징후로 삼아 보이지 않는 실재들을 선택했다. 그의 콩트 속에 설치된 화려한 장치들은 언제나 공허를 향해 열려있다. 그러므로 우리는 시인이 고행을 통해 — 그 고행이 어떤 것들인지는 제시되어 있지 않다 — 말라르메가 「꿈의 땅(Terre de Songe)」이라는 시에 대해 '최북단 지대(les ultima thule)'라 명명한 곳, 즉 정신의 극단 지역(마치 인간에게는 그곳에 도달하는 영광이 질병과 본성의 파괴에 의해서만 확실해지는 것처럼!)을 향해 나아가는 것을 느낀다.

시인의 정신 속에 정신적 밤의 수립은 시인에게는 공간도 시간도 이제는 통용되지 않는 내적 영토의 발견을 동반한다.

> 악한 천사들만 떠도는 버려진 어두운 길, '밤'이라 불리는 검은 왕좌 위의 우상이 서서 군림하는 그 길을 따라 나는 이 땅, 가장 멀리 있고 흐릿한 북단에 또다시 당도했네. — 여긴 야릇하고 숙명적인 기후가 서린, 공간과 시간을 벗어난 숭고한 땅이라네.
>
> –「꿈의 땅」

포의 체험과 노발리스의 체험 사이에 드러나는 유사성은 마지막 국면까지 유지된다. 이때 밤의 지배는 인간 정신의 내면에서뿐 아니라 우주의 무한한 영역 속에서도 우리에게 나타난다. 그 정신은 일치하지만 축소된 이미지이다. 우리가 조금 전에 인간의 소우주 안에서 엿보았던 분해 현상은 에드거 포의 「유레카」라는 에세이 안에서 세계의 대우주 속에 묘사된다.

노발리스는 「찬가」에서 물질적 빛의 창조를 밤의 자발적이고 순간적인 희생으로 생각한다. 밤은 공간 일부를 내주어 거기에 별들이 나타날 수 있게 해주고, 다음에는 그 빛 위에서 한순간 권위를 양도했던 제국을 서서히 되찾게 한다. 그와 마찬가지로 포는 「유레카」 속에 신적 의지의 움직임을 나타나게 하여 세계를 객체로 삼게 하고는 그것을 창조와 소멸의 영원한 리듬 위에서 소멸시킨다. 세계의 종말은 이 리듬의 두 번째 시기에 닥칠 수밖에 없는데, 그때 '별들의 종족 가운데 장엄한 생존자들은 모두 함께 작열하는 빛 속으로 뛰어들 것이다'. 끌어당기기와 밀어냄의 현상들이 생성되기를 멈추면 물질은 '단일성 속에 잠길 것이며, 그와 동시에 완결된 모든 인지작용에서는 단일성과 똑같은 비존재 속에도 잠길 것이다'.

노발리스, 네르발, 보들레르, 그리고 포는 여러 세계가 태어나고 소멸하는 리듬의 두 번째 시기를 선호한다고 밝혔다. 그들의 기호는 절대를 위해 상대적 가치들을 희생시키는 고심과 섞이게 되는데, 절대에 가까워지면 사고는 물러날 수밖에 없다. 그것은 마치 밤의 진전 앞에서 빛이 그러한 것과 같다. 그들이 대우주와 소우주 사이에서 엿보기를 잊지 않았던 이 '상응'은 「유레카」의 마지막 행들에 극명하게 지적되어 있다.

> 우리의 상상력을 최고의 법칙, 법칙 중의 법칙, 주기성의 법칙에 놓아보자. 그러면 우리는 이 신념을 인정하고 나아가서는 이 희망으로 즐거워할 자격을 더 얻게 되리라. 우리가 감히 바라보았던 급진적 현상들은 다시, 또다시, 아니 영원히 새로워질 것이며, 신의 가슴이 한 숨을 쉴 때마다 새로운 우주는 실존 속에 폭발하여 이번에는 비존재 속에 영원히 잠길 것이니.
>
> 그러면 지금, 이 거룩한 마음 — 그것은 무엇인가? 그것은 우리 자신의 마음이다.

이 마지막 문장에서 갑자기 유도된 단언은 우리의 시각을 천상 신비들의 관조에서 끌어내 인간의 내면에서 작용하는 신비들 위에 다시 놓아준다. 이 단언은 이미 보들레르의 예감을 뒷받침하고, 말라르메가 『이지튀르 혹은 엘베농의 광기(*Igitur ou la Folie d'Elbehnon*)』라는 제목으로 기초한 신비스러운 작품 속에서 연장된다. 그런 점에서 『이지튀르』의 전개는 포가 행성들의 지역에 놓아두었던 문제를 인간의 차원에서 대척지를 구성하는 것처럼 보인다.

논리적 정복의 주인공인 『이지튀르』의 등장인물은 추론의 결론을 표시하는 단어로 명명된다. 말라르메가 자기 주인공을 이지튀르로 명명하기 위해 사용한 문장을 찾으려면 라틴어 성경 창세기 제2장을 보면 된다. 첫 단어가 이지튀르다.

> Igitur perfecti sunt coeli et terra omnis ornatus corum.
>
> 이렇게 하늘과 땅과 그 안의 모든 것이 이루어졌다.

이 문장은 천사들, 엘로힘들, 여호와에게 발현된 창조능력들, 그러니까 말하자면 별들에 해당하는 것이다. 시의 부제인 '엘베농의 광기'는 히브리어 'el benhnon'이 엘로힘의 아들들을 의미한다는 것을 고찰해보면 자명해진다. 이지튀르, 훌륭한 지성적 존재, 결국 인간이며 별들의 아들인 그는 자신의 능력에 의문을 품게 된다. 재료와 구조가 자기 정신과 똑같은 토대로 지어진 성안에 들어앉아 그는 자신의 의식을 세계를 창조한 조물주의 그것과 똑같이 해보려는 가능성을 숙고한다. 그에 이르렀다면 그는 사고의 유희를 통해 세계를 최초의 밤으로 되돌려 놓을 가능성을 지니게 되었을 것이다. 행위가 이루어졌을 것이며 그 드라마는 완성되었으리라.

무한의식의 자의적 후퇴만이 우연, 즉 우주에 놓일 수 있다. 이처럼 신의 의지가 후퇴함으로써 태어난 세계 속에서 움직여지고 있는 인간은 저주의 종국에 이르러 자신의 의식과 그것을 탄생시킨 의식을 애써 똑같이 하려는 것 이외에 다른 희망은 품지 않는데, 그렇게 되면 사고와 말을 통해 우연을 부정하고 우주를 절대 속에서 소멸하게까지 해볼 수 있다.

> 나는 말을 하노니 그것을 무기력 속에 되잠기게 하리라

스테판 말라르메가 인간의 의식과 신의 의식 사이에 상정한 이 본질의 동질성은 포의 단언에 참된 메아리가 되는 다음 문장 속에서 만나게 된다. 『이지튀르』의 시인은 밤이 할당된 시간의 구분을 나타내는 조화로운 리듬의 소리에 의문을 품게 되고, 결국 거기에서 근원을 알아낸다.

> 무한으로부터 채굴된 환상이 앞뒤로 연장되는 동안 암흑이 찾아와 내 모습은 한 덩어리가 되고 시간이 멈추어 내 모습을 더 이상 구분하지 못하며 그것은 무거운 잠 속에 한 덩어리(처음 그 소리를 들을 때의)가 되어 열림으로써 그 공허 속에서 나는 내 심장의 박동을 듣는다.

그리고 방의 출구에 대한 두 번째 묘사에서

> 거기에서 그림자는 규칙적으로 박동의 소리만 들었다. 그림자는 그것이 제 가슴의 박동임을 알았다. 그것을 알아내곤 자신에의 완벽한 확실성에 당황하여 그림자는 거기를 빠져나와 자신 속으로, 자신의 어둠 속으로 돌아가려 했다.

결국, 이렇게 해서 인간은 자신 속에 그 밤 물결의 틈입을 가로막는 장애물을 꺾어버리는 미덕을 소유하게 된다. 자기 피의 추처럼 움직이는 리듬에 붙잡혀 그 정신적 생명은 결국 공간과 시간의 울타리를 벗어나 절대적인 밤의 한 가운데에서 자신의 그림자를 스스로 알아보게 되는 것이다. 이지튀르는 자기 조상인 별들의 잿더미 위에 누워 '바다에는 없는 허무의 물방울'을 마신다. 절대는 인간 의식으로는 도달할 수 없는 것으로, 그 실재란 정신과 그 대상이 유지하게 되어 있는 상호침식의 결과일 뿐이다. 무한의식만이 그런 이유에서 (절대)의식이 그 본질에 속한다는 것을, 즉 절대와 섞인다는 것을 이해할 수 있을 뿐이다. 이지튀르의 철학적 죽음(자살)은 자신의 의식이 절대에 이르러 폭발하게 만듦으로써 도달한 만족 외의 다른 것을 의미하지 않는다. 인간 의식은 그

의식의 중심을 강화함으로써만 절대 의식과 동일시될 수 있는데, 그 폭발은 그것을 한계짓는 그림자의 영역을 차츰 집어삼키게 되어, 자신 이외에는 어떤 대상도 인식하지 않거나 혹은 그 반대로 정신의 주변 그림자를 위해 중심을 흐리게 함으로써 그 중심 위에 그것과 떼어놓았던 영역들을 다시 갖다 놓는다. 첫 번째 움직임은 무한에의 열망을 특징짓는 반면 두 번째 움직임은 무를 향한다.

절대 의식의 탐구와 총체적인 무의식의 탐구는 색채의 영역에서 각기 완전한 백白의 탐구와 결정 없는 흑黑의 탐구에 대응한다. 백색은 빛나는 광선을 반사함으로써 그 어떤 객체도 훼손하지 못하는 의식으로 유사하게 나타날 수 있다. 또 반대로 흑색은 모든 광선을 흡수함으로써 총체적인 무의식에 부합되면 바로 그 밤 속에서 우주가 해체된다.

무가 되거나 혹은 전체가 되거나 하는 이 두 경향은 인간의 본성이 가진 똑같은 고통의 양상들을 표현하는데, 우리는 그것을 무한에의 고통이라 부를 수 있을 것이다. 영향들은 서로 모순적이면서 공통적인 햄릿의 딜레마에서 나온 어휘들로 구성되는데, 그 딜레마의 그림자는 말라르메의 시가 우리에게 넘겨준 정신적 영역 깊은 곳에 깔려 있다. 말라르메가 매 순간 매달린 이미지는 우리를 절대 의식의 개념으로, 즉 존재와 비존재 너머에 있는 개념으로 이끄는데, 그것은

'밤'의 이미지다. 그 이름은 암흑의 지배를 환기한다. 그러나 그는 거기에 '백색'의 특질을 부가하여 암흑의 색채를 제시하는 동시에 부정한다. 밤 중의 밤은 백색의 밤(白夜)일 터, 정신에게도 그와 다르지 않다. 정신이란 가까워지려는 노력을 통해 모순적 실재들의 통합체로서만 그 밤이 규정되도록 할 수 있기 때문이다.

스스로 죽어가는 너, 순결로 불타는 너,
얼음 조각들과 잔혹한 눈(雪)의 백야여!

「에로디아드(Hérodiade)」의 기원祈願인 이 두 시구는 시의 중심으로서, 그 안에 전개 과정이 명백히 나타난다. 시인이 연출한 신화적 인물은 백야의 화산이며 그 인간적 대응일 뿐이다. 에로디아드는 스스로 순수하고 풍요로운 존재이길 원한다. 그녀는 진공, 밤의 '고독한 누이', 그 '영원한 (밤의) 누이'의 표현이다. 그녀는 창공 빛에 증오를 표명하고 성 요한의 참수를 받아들여 그 어리는 태양이 멀어지는 순간 땅에 구른다. 그것은 시인이 신화를 설명함으로써 끊임없이 꿈꾸는 우주적 드라마를 인간의 차원으로 상징한 것이다.

「성 요한의 송가」는 축약됨으로써 보들레르가 엿보고, 포가 길게 발전시킨 인간과 하늘 사이의 유사관계를 암시한다.

노발리스, 네르발, 보들레르에게 미친 밤의 강박관념은 말라르메에게는 백색의 강박관념이 된다. 그의 시 대부분은 그 내적 욕구가 번뇌를 통해 순수의식으로 넘어가는 것으로 이루어져 있으며, 그 이미지들은 우리의 정신 속에 순백의 지배를 세우려 하지 않는 것이 없을 정도다.

그러나 공통의 번뇌에서 나온 이 상반된 이미지들은 하나의 이름 속에 용해되는데, 그 이름의 가치가 순전히 부정적이며 그 표현이야말로 진실로 '무無'를 가리킨다는 이유에서 시인들이 추구한 상상할 수 없는 실재에 아마도 가장 가까울 것이다. 그것은 '밤'이라는 이름이다.

제5장

시인과 신비주의자

우리는 시적 체험의 여러 국면을 지나 암흑의 실재 문턱까지 도달했다. 이 암흑의 실재 주변에서 의식은 자기 자신 외에는 대립하는 어떤 대상도 발견하지 못한다. 그러므로 본질적으로 말을 벗어나는 것을 굳이 정의하려고 하는 것은 우리에게 분명 중요한 일이 아닐 것이다. 실재를 의식한다는 것은 그 실재를 체험한다는 것을 의미하며 거기엔 아무런 구분도 없다. 그리고 그에 대해 추론적 사고를 시도하여 근사치를 내는 것은 '그 실재가 아닌 것'을 인식하게 하여 부정적 성질들을 되풀이하기 때문에 우리는 실재의 무한성을 실험하는 사람들을 그 실재의 주변에 버려둘 수밖에 없게 된다. 어쨌든 그들의 목소리가 나중에 충만함이라는 심연 한가운데에서 울리게 됨에 따라 우리는 그들의 체험이 서로 뒤섞인 것으로 보이는 시인과 일군의 탐구자들을 구분하게 될 터인데, 결국 그때는 침묵과 말이 그들을 분리하게 된다. 나는 신비주의자들에 대해 말하고자 한다.

고대인들은 시인과 신비주의자를 분명히 구분하지 않았다. 그들은 신의 전령사들로서 똑같이 존경했다. 그뿐만 아니라 시인과 신비주의자들의 체험은 상호침투적이었기 때문에 사람들은 당연히 그들을 혼동할 수 있었다. 베다 경전과 노자의 잠언집은 시로 되어있다. 그리스 문명이 만들어 낸 위대한 저작들에는 그 저자들이 신비 의식에 입문할 때 받았던 가르침이 은밀하게 실려있다. 전체가 운율을 가진 여러 개의 절로 조화를 이루며 구축된 구약과 신약성경은 웅장한 이미지들을 통해 오랫동안 서구 시의 경전이 되었다.

인간 정신을 그 총체 속에서 파악한다면 그 의식의 중심, 즉 인간 정신의 가장 적나라한 부분은 서양에 자리하고 있는 것 같다. 또 바로 그 점에서 우리가 분석 방법을 그 극단까지 밀고 갈 수밖에 없을 필요성이 생기는 듯하다. 관찰자는 이 분석 방법의 단계들을 거치면서 자기가 파악하는 대상을 합병하기 전에는 갈수록 더욱 심하게 그 대상과 구분된다. 대상들 자체는 분석을 통해 단순한 요소들로 분해된다. 그리고 우리의 탐색이 에너지의 개념에서 멈추게 될 때 우리는 비로소 세계의 단일성을 재발견하게 될 것이다. 동양에서는 에너지의 개념을 잊은 적이 단 한 번도 없다. 오늘날 우리가 시적 체험과 신비적 체험을 정의하지 않고도 그 둘의 구분을 인정하는 것은 십중팔구 우리 인식 방법의 덕택인 것 같다. 그런데 이상한 것은, 시인과 신비주의자들의 일이 구분되는 유일한 순간이 있는데, 그 순간이 인식 방법들을 통해 분명하게 강조된 적이 아직 없다는 점이다.

신비적 체험과 시적 체험의 여러 국면에 대한 비교 검토는 그들 각자의, 혹은 공통의 본성을 간파할 수 있어야 하고, 그 국면들이 도달하는 정신적 지점에 따라 그들에 관하여 가치 판단을 내릴 수 있어야 한다.

영감을 연구함으로써 우리는 다음과 같은 사실을 알아낼 수 있다. 어떤 시인들은 감수성과 열정의 흐름 속에서 그들의 귀에, 그들 정신의 외부에 나타나는 목소리가 울려오는 순간까지 자신을 몰입시키고, 반면 다른 시인들은 반대로 꾸준한 주의력을 가지고 그들이 미리 명상한 언어적 구성을 실현하고자 고심한다는 것이다. 이 상반된 진행방식은 그들을 유일한 실재, 즉 '시'의 획득으로 이끈다. 다른 한편으로 우리는 신비주의자들의 비밀이야기를 통해 그들의 이른바 거룩한 은총이 그들에게 내리는 순간이나, 또는 매우 자발적인 명상을 통해 그들이 추구하는 실체의 관조에 다가가려고 노력할 때 그들이 무아경無我境에 드는 것을 알고 있다.

생 장 드라크루아Saint Jean de la Croix*는 감각의 밤에 도달할 수 있는 그 두 가지 방법을 구분한다.

> 보통 두 가지 방법이 목표에 이르는 것을 관찰해보자. 하나는 능동적이고 다른 하나는 수동적이다. **능동적 방법**은 영혼이 그 고유의 주도성으로 그곳으로 돌아가기 위해 할 수 있고 또 하는 것이다. **수동적 방법**은 영혼이 주도성도 고유의 행위도 갖지 않은 것이다. 그것이 수동적으로 유지되는 동안 영혼 안에서 작용하는 것은 신이다.

성 토마 역시 같은 식으로 무아경에 드는 기법들 간에 구

* 우리말로 '십자가의 성 요한'이라 불리는 생 장 드라크루아(1542-1591) 성인은 카르멜회의 수사이자 사제로서 본명은 후안 데 예페스 알바레스 (Juan de Yepes Álvarez)이다. 에스파냐의 폰티베로스에서 태어나 우베다 수도원에서 죽었다. 그는 신비 체험을 통해 『어두운 밤(*Noche oscura*)』, 『카르멜로 산 오르기(*Subida del Monte Carmelo*)』, 『타오르는 사랑의 불꽃(*Llama de amor viva*)』, 『영혼의 찬가(*Cántico espiritual*)』 등의 저술을 남겼으며, 신을 향한 영혼의 길을 증언하는 데 힘썼다. 남성 카르멜회 개혁에 앞장서 〈맨발의 카르멜회〉를 창립했으나 수사들에 의해 수도원에 유폐되기도 했다. 1726년 교황 베네딕토 13세에 의해 성인으로 시성되었다. 그는 에스파냐 황금 세기의 위대한 시인 중 한 사람이기도 하며 신비주의 문학의 최고봉이라 불린다. 1926년에 교황 비오 11세에 의해 '교회박사(교회학자)'로 공인되었고, 1952년 이후로는 에스파냐 시인들의 수호성인이 되었다. 12월 14일이 그의 축일이다. (역주)

별이 있음을 인정한다.

> 은총의 효과는 여러 가지가 있다. 은총 안에서 우리의 영혼이 움직여지기도 하고 또 움직이지 않기도 하며 신만이 영혼을 움직이기도 한다. 따라서 작동하는 힘은 신에게 주어져 있으며, 그 경우에 은총이 내려졌다고 말해진다. 그러나 우리의 영혼이 움직여짐과 동시에 스스로 움직일 때는 작동하는 힘이 신뿐만 아니라 영혼에도 주어지며, 이 경우에는 은총이 결연된 것이라고 말해진다.

서양의 신비주의자들과 동양의 신비주의자들은 완전한 무의식과 순수의식이 구도자에게 열어주는 이 두 가지 길을 똑같이 알고 있다. 그러나 동양의 신비주의자들은 무아경의 체계적인 의례儀禮와 함께 더욱 자발적인 실행에 몰두하여 점점 격렬해지는 의식意識으로 가는 반면, 스스로 기도의 규범을 만들어 내는 서양의 신비주의자들은 수동적 방법의 길로 인도되도록 내맡기는 것을 선호한다. 그 결과 전자의 경우에는 무아경 상태에서 빠져나올 때 중층의 다양한 의미가 있는 가르침들을 만들어 내는 경향이 있다. 그 가르침들의 결집은 무시무시한 집중의 표시로서 그들에게 탄생을 부여했다. 반면에 후자는 말이 여전히 가능한 상태에서 그들의 담화 속에 '자동성'의 진정한 경우들을 제시하고 있다.

> 성녀 마리아 막달레나 데 빠치Sainte Madeleine de Pazzi*는 이따금 어찌나 말을 빠르게 쏟아내는지 그녀의 말을 받아 적기 위해서는 여섯 명의 서기가 있어야 할 정도였다.[1]

또한,

> 놀라운 일이었다. 장 드 생삼손Jean de Saint-Samson**이 자기의 논설을 생각할 틈도 없이 어찌나 빨리 구술했는지 그것을 받아적는 필경사들은 모두 지쳐버렸다. 그가 말한 것을 기억하려면 주의를 극도로 집중해야 했고, 그를 따라가려면 손이 날쌔야만 했기 때문이다…. 더욱

---

* 성녀 마리아 막달레나 데 빠치(Maria Maddalena de' Pazzi, 1566-1607)는 이탈리아 카르멜회 수녀이자 신비주의자로서 1584년부터 무아경을 체험하기 시작했다. 그녀가 무아경 상태에 들어가면 사랑의 표현으로 말하고 움직였으며, 그것을 받아 적은 글이 5권에 이르는데, 제1권 『40일』, 제2권 『대화』, 제3권 『계시와 깨달음』, 제4권 『시련』, 제5권 『교회의 쇄신』이 그것이다. 1626년에 시복되고, 1669년에 시성되었다. (역주)

1 P. Cepan, 『삶(Vie)』, 제7장.

** 장 드 생삼손(1571-1636)은 프랑스 카르멜회 수도사로서 시각장애인 음악가이다. 위대한 신비주의자로 알려진 그는 무아경 상태에서 수많은 시론과 편지, 시 등을 구술했다. (역주)

경탄할 만한 일은 그가 처음에 말한 것을 제대로 받아 쓰지 못해 그에게 다시 생각해 보고 반복해달라고 하자, 나는 이 점을 여러 번 주목했는데, 그는 처음에 말했던 것을 다시 생각해낼 수가 없었을뿐더러 처음처럼 아름다운 어휘로 말하지도 못했다. 그것은 '성령'이 그의 안에서 작용했으며 그의 생각이 없었다는 명백한 신호였다. 그리고 논설을 다 받아적은 후 그는 내게 여러 번 말했다. 내가 받아적은 것을 그에게 읽어주기 전에는 그가 구술했던 것을 정말로 알지 못했다고.[2]

위와 같은 사례들 앞에서 앙드레 브르통의 권유를 생각하지 않을 수 없다. 그는 시 한 편을 쓰기 위해 가져야 할 태도에 대해 말한다.

당신이 할 수 있는 한 가장 수동적이거나 수용 상태에 자신을 놓으십시오…. 빠르게 쓰십시오. 미리 생각한 주제 없이, 붙잡을 수 없을 만큼, 다시 읽어보려고도 할 수 없을 만큼 빠르게… 당신이 만족할 때까지 계속하십시오. 중얼거림의 무궁무진한 특성을 믿으십시오.[3]

2 R. P. Sernin Marie de Saint-André, 『존자(尊者) 장 드 생삼손 수사의 생애』, 맨발의 카르멜회, 파리, 1881.

초현실주의는 특히 영감의 가장 흔한 양식들 중 하나를 체계화했을 뿐이다. 공공연한 추종자들에게 예시를 요구할 필요도 없다. 모든 장소와 모든 시간의 시적 활동이 우리에게 수많은 사례를 보여준다. 피에르 베르제Pierre Berger는 이렇게 썼다.

> 윌리엄 블레이크William Blake는 자기 책들은 정령들이 구술한 것을 받아쓴 것이라고 늘 주장했는데, 그는 정령들의 말을 되풀이했을 뿐이며 그 정령들을 위해 썼다고 했다. 정령들이 밤에 그를 깨우면, 그는 일어나서 가끔은 몇 시간씩 계속해서 썼는데 그에게 들리는 것을 바꿀 권리가 있다고 생각한 적이 전혀 없었다.

라이너 마리아 릴케Rainer Maria Rilke가 사용한 글쓰기 방법에 대해서도 들어보자.

> 릴케는 영감이나 내적 욕구 없이는 단 한 줄도 쓰지 않았던 것 같다. 그러나 그는 그 당시 기억하는 일이 힘들었고, 자기 몸에 항상 지니고 다니는 작은 포켓용 수첩

3 『초현실주의 선언』.

에 적힌 단어들이 어떻게 탄생할 수 있었는지 거의 몰랐다. 그는 그 수첩을 내게 자주 보여주었는데, 삭제선 하나 없이 깨끗하게 쓰인 문장들을 보고 나는 매번 놀라지 않을 수 없었다.

릴케는 훗날 「비가」가 어떻게 탄생하게 되었는지 내게 이야기해 주었다. 그의 안에서 준비되고 있던 것에 대하여 최소한의 생각도 갖고 있지 않았던 것 같다…. 두이노의 절벽 앞에서 그는 갑자기 멈추었다. 그건 마치 폭풍우의 소음 속에서 하나의 음성이 외쳤던 것 같았다.

Wer, wenn ich... (어디서, 언제 내가…)

그는 꼼짝하지 않고 귀를 기울였다. "뭐지?" 그는 낮은 음성으로 말했다… "무엇일까? 무슨 일이지?…" 그는 몸에 항상 지니고 다니는 메모 수첩을 꺼내 들리는 말들을 쓰기 시작했는데, 그 자체로 곧 몇 줄의 시구가 되었다…. 그는 그날 저녁에 「비가」 전체를 끝냈다.

처음의 비가들은 그렇게 이루어졌다. 비가 모음집은 사흘 만에 쓰였다. 릴케는 그 사흘 동안 잘 수도 먹을 수도 없이 끊임없이 쓰고 또 쓸 수밖에 없었다고 말했다. 그의 펜이 따라가기가 힘들었다고….[4]

반대로 능동적인 방법을 선택하여 집중력 훈련을 통해 의식의 중심을 강화하는 데 몰두했던 시인들은 동방의 신비주의자들이 실행한 고행과 매우 비슷한 사고의 고행을 만들어냈다. 동양의 신비주의자들은 우선 그들 의지의 통제하에 신체 기관의 반사적 움직임이 지나가도록 만드는 데 전념한다. 그렇게 해서 그들의 집중력은 근본적으로 호흡 현상에 바탕을 두게 되며 의지로 리듬을 바꿀 수 있다. 그러나 호흡은 의지 밖에서 생성되므로 결국은 의지적인 것과 무의지적인 것이 서로 만나는 혼합지대를 형성한다.

> 수행자는 숲속으로 들어가 어느 나무 아래에서 혹은 외딴곳에서 가부좌하고 앉아 가슴을 곧게 펴고 주의 깊게 정신을 집중한다. 집중된 정신으로 숨을 들이쉬고 내쉰다. 숨을 길게 들이쉴 때 그는 그것을 의식하고 생각한다. '나는 길게 숨을 들이쉬었다.' 마찬가지로 들숨이 짧을 때와 날숨이 길거나 짧을 때 그는 그것을 의식한다.[5]

이러한 수행은 그를 의식의 확장으로 이끌어 기본적 삶의

4 장 드 누가이롤(Jean de Nougayrol) 구술, 〈투른 공주와 탁시스의 회상〉, N.R.F., 1935년 5월 1일.

5 Mme A. David-Neel, 『라마교 입문(*Initiations Lamaïques*)』, Edition Adyar.

나라들을 조금씩 점령해 가면서 제국을 축소할 것이다. 노발리스의 말에 따르면 그는 '의지적인 것 안에 무의지적인 것'을 지나가게 할 준비가 되는 것이다.

다른 한편으로 순수의식을 선택한 시인들은 그렇게 엄격한 집중의 방법을 실험해 볼 기회가 전혀 없었을 테지만, 그들이 추구한 의식의 강화는 우리가 방금 위에서 노력하는 것을 엿본 신비주의자가 도달하게 될 강화의 방향에 못지않은 것이다. 에드거 포에게 실패의 문제들, 보들레르에게 집중의 물리적 자극들, 발레리에게 수학 등이 요가가 그 추종자들에게 자유로이 쓰게 하는 자원에 비하면 의식의 하찮은 방법들에 지나지 않는다는 사실은 우리에게 별로 중요하지 않다. 적어도 신비주의자들과 시인들이 절대 의식을 열정적으로 탐구하는 데 계속 참여하는 한 우리는 오로지 그들 야망의 정체성에만 관심이 있을 뿐이다. 그들의 눈에는 절대 의식의 획득이 집중력들이 무한하게 증가한 결과로 보일 것이다.

우리는 방금 신비적 체험과 시적 체험의 첫 번째 국면에 대해 간단하게 검토해보았다. 영감의 상태와 무아경의 상태가 외관상 상반되지만 둘 다 영적 단일성의 실현에 이바지하는 두 가지 방법으로 획득되고 탐구된다는 확신이 생겼다. 능동적 방법이 의식의 중심을 확장해 정신의 주변 영역을 흡수하는 반면, 수동적인 방법은 좀 더 흐릿하지만 무한히 드러나는 영역을 위해 의식의 중심을 가린다. 불꽃 속의 불씨처럼 우주의 영혼 속에 잠긴 시인과 신비주의자는 똑같이 자기 개인성의 개념을 상실한다.

이러한 상실이 지금 우리의 관심사가 되는 체험들의 두 번째 국면을 특징짓는다. 그것은 시인과 신비주의자에게 똑같이 존재한다. 인간이 자신의 자아에 대해 느끼는 아주 격렬한 감정은 완전한 의식의 실현에 양도되어야 한다. 의식의 중심과 부정적으로 명명되는 무의식적인 것의 영역 사이에서 깨어있는 상태에 의해 지탱되는 대립을 제거하여 정신의 제국을 정복하든, 혹은 의식의 중심을 무한히 확장함으로써 그 정복을 획득하든, 인간은 자아의 상대적 개념을 버려야 한다. 자아의 한계들은 무아경이나 영감에 가까이 가면서 폭발한다.

이런 점에 관해서는 신비주의자들과 시인들에 관한 수많은 증거가 넘쳐난다. 낭만주의 시의 근본 주제는 자아의 소유를 포기하는 것, 즉 영감의 날갯짓 아래 인간의 변모인데, 바로 이 표현을 사용하여 사람들은 시인의 입을 통해 말하는 대천사의 모습으로 인간을 넌지시 묘사하곤 했으니, 그에 대해서는 그가 하늘에서 왔는지, 지옥에서 왔는지 말할 수 없었을 것이다. 당시 시인의 개인성은 영적 도구로서의 가치 이외에는 아무것도 아니었으며, 이 도구 위로 혼란스럽고 철통같은 저승의 힘들이 와서 합해졌다. 자기 힘의 외적 실재를 위하여 저승의 힘들을 분열시키는 일은 낭만주의 시인들을 계승한 시인들에게서 수행되어야 했다. 아르튀르 랭보의 저 유명한 「견자見者의 편지」에 그 이론적 표현이 보인다.

> 낭만주의는 제대로 평가된 적이 없습니다. 누가 낭만주의를 평가하겠습니까? 비평가들? 낭만주의자들? 그들은 노래가 거의 작품이 되지 못한다는 사실, 다시 말하면 가수가 노래하고 이해한 생각이라는 것을 잘 증명하고 있습니다.
>
> '나'는 '타인'이기 때문입니다. 설령 구리가 나팔로 깨어난다 해도 구리의 잘못은 전혀 없습니다. 그건 제게 자명합니다. 저는 제 생각의 발현을 봅니다. 저는 그것을 바라보고 듣습니다. 저는 화살을 하나 쏩니다. 교향곡이 깊은 곳에서 움직이거나, 펄쩍 뛰어 무대 위로 올라옵니다.
>
> 어리석은 늙은이들이 '나'에게서 틀린 의미만을 찾아냈다 해도, 우리는 수천의 해골들을 쓸어낼 필요가 없을 것입니다. 그 해골들은 아득한 옛날부터 그들의 애꾸눈 지성이 만들어 낸 산물을 축적해 왔습니다. 그걸로 자칭 작가라고 하면서 말입니다.

그러므로 이처럼 '나'의 본질 자체를 이루는 것을 개인의 일시적이고 유동적인 개성과 혼동해서는 안 된다. 시인이 암시하는 이 탁월한 자아는 돌연한 섬광에 의해서만 발현된다. 이때 영감 현상이 개성의 원圓을 터지게 하고, 그것을 감내하는 사람은 우주의 온갖 형태와 온갖 존재 안에 있을 수밖에 없다. 그 순간 자아를 인식하는 능력은 인간이 세계를 인식하는 것과 동일한 가치를 갖는다. 저 유명한 고대의 지혜 '너 자신을 알라(γνῶθι σεαυτόν)'를 실현하는 것이다. 그가 개성을 소모하고 얻는 상실은 자신의 자아를 알게 해주어 이 자아는 무한히 나타나게 된다.

그런 체험은 윌리엄 블레이크가 했는데, 피에르 베르제Pierre Berger는 그에 대해 자기 학설의 주요 논문 가운데 하나가 '개인성의 환상'에 대한 인식이었다고 말한다. 다음에는 테니슨Tennyson이 그것을 알았고 그에 대해 대강 기술해보려고 시도했다.

> 나는 마취상태에서는 새로운 발견을 한 적이 없었지만 깨어있는 상태에서는 일종의 무아경 — 다른 표현을 찾지 못하겠다 — 이 혼자 있을 때 자주 나를 사로잡았는데, 그것은 어린 시절부터 그랬다. 나는 속으로 내 이름을 되뇌곤 했다. 그러면 내 개성을 아주 강렬하게 의식하게 되어 그 개성 자체가 존재의 무한성 속에 사라지

> 는 것 같았다. 그것은 혼란스러운 느낌이 아니라 명확하고 의심할 여지가 없는 것이었지만, 설명할 수는 없는 것이었다. 죽음이 내게는 거의 불가능한 것, 우스운 것으로 보였다. **왜냐하면 그렇게 부를 수 있는 것이라면 내 개성의 소멸이 내게는 없어지는 것이 아니라 참된 유일한 생명으로 생각되었기 때문이다.**[6] 나는 내 영혼 상태를 묘사할 수 없어 부끄럽다. 그것은 설명할 수 없는 것이라고 내가 말하지 않았던가?[7]

개성의 안쪽에 있는 자아의 개념은 라이너 마리아 릴케가 자기의 정령에 대해 말한 기이한 설명 속에 놀라운 방식으로 삽입되어 있다.

> 영감이 그 자신에겐 무관한 것처럼 되었고, 결국 그는 어떤 시들은 죽을 때까지 자기 이름으로 인쇄되기를 거부했다. 왜냐하면, 그 시들 '전체가 그의 앞에 앉은 어떤 인물에 의해 구술되었기' 때문이다.

다음엔 초현실주의 시인들이 영감의 비인격적 특성을 주

6 강조는 필자.

7 윌리엄 제임스, 『종교적 체험(*L'Expérience religieuse*)』에서 재인용.

장했다. 그들은 시가 써질 때까지 자신을 내버려 둘 필요가 있다고 하면서 시인을 통해 나타나는 낱말들에 개입할 여지도 없어야 한다고 주장했는데, 이 주장은 그들의 가장 큰 공헌 가운데 하나로 인정된다.

랭보가 「견자의 편지」에서 시인의 개성에 대립시킨 보편지성普遍知性의 암시는 의심할 여지 없이 로트레아몽의 요청 속에서 그 반향을 발견한다.

> 시는 한 사람이 아니라 모든 사람에 의해 만들어져야 한다.

그러나 내가 보기에 그의 가장 심오한 울림은 에드거 포가 「유레카」 말미에 과감하게 제시한, 인간의 가슴과 신의 가슴 사이에는 본질적 동일성이 있다는 단언 속에 있는 것 같다. 이 책 중간에서 그는 여러 세계가 알 수 없는 중심 — 그는 이 중심을 신의 가슴이라 명명한다 — 에서 솟아났다고 가정한 후에 다음과 같은 단언을 하기에 이른다는 것을 우리는 알고 있다.

> 그럼 지금, 이 거룩한 마음 — 그것은 무엇인가? 그것은 우리 자신의 마음이다.

인간에 의해서 인간의 개성이 부정된다는 사실이 인간의 진정한 자아가 신성 그 자체와 뒤섞인다는 결론으로 유도될 수 있다면, 거기엔 논리적 필연성을 넘어서 우리가 관찰하고 있는 탐구자들이 충만함을 체험했다는 진실이 있을 것 같다.[8] 어쨌든 시인들이 체험 도중에 이끌리고 마는 이 확신은 신비주의자들이 끈질기게 표현했다. 탁월한 자아를 위한 개성의 해체가 무아경의 현상에서처럼 영감 현상에서 나타난다는 것은 의심할 여지가 없다. 다음은 성녀 테레사가 깨어있는 상태의 개성과 기도할 때 그녀를 통해 표현되는 '나'를 어떻게 구분하는지 보여준다.

> 내가 기도를 시작할 때 그 안에 내가 있는 것을 나는 아주 커다란 특혜처럼 바라본다. 그때 나는 안다. 내 말을 지배하는 것은 내 정신이 아니라는 것을. 나중에 나는 내가 어떻게 그렇게 표현할 수 있었는지조차 자문하게 되는데, 그런 일이 내겐 아주 흔히 일어난다.
>
> —『삶』

8 피에르 베르제에 따르면, 윌리엄 블레이크의 작품 속에는 몇몇 대원칙들이 꼼짝하지 않고 꼿꼿이 서서 모든 것을 지배하는 것 같다고 하는데, 그것은 인간의 거룩한 신성, 신과의 본질적 동일성이다.

우리는 시인과 신비주의자들이 수행하는 임무를 증명하기만 하면 끝나는 것이 아니다. 그들의 임무란 철학적, 종교적 편견이 지배하는 가운데 탁월한 자아를 위해 그들의 개성을 통해 확인되는 소멸을 실현하는 일이다. 그들에게는 탁월한 자아가 개성의 바깥에 있는 것으로 보일 만큼 개성과는 확연하게 구분된다. 우리에게 중요한 것은 시인이나 신비주의자들이 계시에 다가갈수록 개인 존재를 희생할 필요성을 강하게 느끼게 된다는 것을 증명하는 일이다.

그에 대해서는 이슬람교 신비주의자인 할라지Halladj*의 다음 기도가 자기 고유의 상실에 대한 열망을 증명해 준다. 그의 정신은 그 상실에 사로잡혀 있다.

> 당신께 기원하노니, 당신이 나를 '**나**'라고 부르지 않았다면 '**당신**'입니까? 나와 **당신** 사이엔 나를 고통스럽게 하는 '나'가 굴러다닙니다. 아! 우리 둘 사이에서 당신의

---

* 만수르 알 할라지(858?-922)는 이슬람교 수피즘 신비주의자이자 시인이다. 그는 코란의 가르침에 만족하지 못하여 고행을 통해 신과 자신의 영혼을 결합함으로써 신의 사랑을 발견하려고 했다. 그의 가르침을 따르는 이슬람교도들이 많아지자 그는 "내가 곧 진리(신)"라는 말로 자신을 신격화했고, 수니파와 시아파 양편 모두 그를 이단으로 취급했다. 결국 그는 〈잔지(Zanj)의 반란〉(869-883)에 가담했다는 억울한 죄목으로 바그다드에서 사형당했다. 그는 자기의 말과 글이 코란의 본래 가르침이라고 주장하는 많은 책을 남겼다. (역주)

'**나**'로 나의 '나'를 없애 주시기를!

신에게 이르는 길? 둘 사이에만 길이 있을 뿐인데, 여기 **나**에겐 이제 아무도 없다.[9*]

생 장 드라크루아는 인간의 개성과 신의 실재 사이에서 생겨날 것 같은 그런 교환에 관하여 그의 책 여러 곳에서 주장하고 있다.

(…) 그러면 두 본성 사이에서 아주 내밀한 결합이 생겨난다. 그것은 신의 본성과 인간의 본성 사이의 소통이기 때문에 둘 다 신으로 보이며, 둘 다 그 고유한 존재를 변형시키지 못한다.

비베카난다Vivekananda[**] 같은 힌두교 신비주의자는 무아경의 순간에 개성의 소멸을 인식하는 것에서 더 멀리 나아갈 수

---

9 루이 마씨뇽(Louis Massignon)의 번역.

* 원문에서 대문자로 표기된 '나'와 '당신', 즉 탁월한 자아는 고딕으로 표시했다. 루이 마씨뇽은 유럽에서 최초로 비베카난다의 책들을 번역했다.

** 스와미 비베카난다(1863-1902)는 인도의 힌두교 지도자로서 라마크리슈나(Ramakrishna)의 수제자이다. 인도의 베단타와 요가 철학을 서양에 소개한 인물로, 종파를 초월한 인식을 불러일으키며 힌두교를 세계적인 종교로 끌어올린 것으로 유명하다. 40년을 살지 못할 것이라는 그의 예언처럼 그는 39세에 명상 도중에 입적했다.

있는데, 어떠한 교리도 그가 인간의 의식과 신의 의식 사이에 동일성 관계를 수립하는 것을 금하지 않기 때문이다.

> (무아경에서는) 자아에 대한 감정이 없지만, 정신은 갈망과 불안에서 해방되어 대상도 육체도 없이 움직인다. 이윽고 진리가 찬란히 빛나며 우리는 참된 우리를 알게 된다…. 자유, 불멸, 전능, 선과 악의 대립을 지니는 유한으로부터의 해방, 이런 것들은 아트만Atman 혹은 보편 영혼과 같은 것이다.[10]

신비주의자와 시인들은 능동적 방법이나 수동적 방법에 몰두함으로써 그들의 개성이 지닌 일시적인 모습을 인식하고, 그 안에서 그들이 추구하는 실재를 위하여 그 개성의 희생을 실행하는 점에서 일치한다. 자아를 빠져나가는 대상으로 인해 더는 고통을 받지 않을 때까지 자아가 파괴되도록 내맡기거나 혹은 반대로 자아를 확장한다. 그 두 움직임은 저마다 분리된 실체로서 자아가 사라지도록 이끈다. 인간은 본래 속성이 없는 어떤 힘의 최후 장막들인 '무無'와 '전체' 사이에서 흔들린다.

10 Vivekananda, *Raja Yoga*, London, 1896. W. James의 책에서 재인용.

시인과 신비주의자가 부정이나 긍정이 우세하기를 멈추는 무점無點에서 서로 만나게 되는 순간, 대립적 실재들의 모순율은 그들의 오성으로 인해 사라진다. 그들 개성의 가면이 벗겨짐과 동시에 선과 악의 상대적 범주들은 그들에게서는 서로 대립하기를 멈춘다. 우리가 지금 진행 과정을 따라가는 실험자들은 그 똑같은 사실에 의해 그들 시도의 세 번째 국면으로 들어가게 된다.

'결합의 길'에 대한 고찰에서 생 장 드라크루아는 자신의 생각을 다음과 같이 설명한다.

> 영혼의 상태는 아담이 무엇으로 원죄가 이루어지는지를 몰랐을 때의 상태와 같아서, 영혼은 악을 알지 못하여 그 어느 것에서도 악을 보지 못한다. 아주 많이 비난받을 일에 대해 듣거나 실수를 저지르는 것을 보게 될지라도 그 영혼은 거기에서 악의를 잡아내지 못할 것이다. 악으로 기울어지는 일이 없는 영혼은 판단을 내릴 만한 근거가 없기 때문이다. 거룩한 지혜가 그의 불완전한 습성을 근절시키고, 원죄가 낳는 무지에서 그를 해방했다.

사랑의 행위 속에 도달한 보편영혼과 개성이 동일하게 됨으로써 선과 악의 범주들을 초월한다는 것은 랭보의 시적 메시지의 근간이다. 베를렌은 그 점에 대해서 랭보가 표명한 야망을 간과하지 않았다. 그는 「사랑의 죄(Crimen Amoris)」라는 제목의 시에서 랭보에게 이렇게 말했다.

> 최악과 최선 사이의 갈등으로
> 우리 천사와 인간들 모두 너무 고통을 받았다.
> 가련한 우리, 잠재우자,
> 우리의 모든 충동을 가장 소박한 맹세 속에.
>
> 너무도 똑같은 이 과도한 싸움들은 인제 그만!
> 결국 일곱 개의 원죄는 신의 세 가지 미덕과
> 다시 만나야만 하리니.
> 힘들고 추한 이 과도한 다툼들은 인제 그만!
>
> 이 대결의 균형을 이루고 있으니
> 아주 잘하고 있다고 믿고 계신 예수께 답하노니
> 여기가 본거지인 지옥이 나를 통해
> 세계적 사랑에 헌신하고 있음을!
>
> Nous avons tous trop souffert, anges et hommes

De ce conflit entre le Pire et le Mieux.
Humilions, misérables que nous sommes,
Tous nos élans dans le plus simple des voeux.

Assez et trop de ces luttes trop égales!
Il va falloir qu'enfin se rejoignent les
Sept Péchés aux Trois Vertus Théologales.
Assez et trop de ces combats durs et laids!

Et pour réponse à Jésus qui crut bien faire
En maintenant l'équilibre de ce duel,
Par moi l'Enfer dont c'est ici le repaire
Se sacrifie à l'Amour universel!

랭보는 그의 시 속에서 '선악과나무를 땅에 매장하는 것'을 보고 싶은 욕망을 강조하는 반면, 보들레르는 작품에서 세상 도덕의 격률格律과는 반대로 악으로부터 아름다움을 끌어내려고 노력한다. 그는 서문의 초안에서, '저명한 시인들은 오래전부터 시의 영역에서 가장 현란한 지역을 나눠 가졌다. 악으로부터 아름다움을 추출하는 임무가 더 어렵다는 사실이 내게는 재미있어 보였던 만큼 더욱 유쾌하기까지 하다'고 쓰고 있다. 네르발도 도덕적 범주들의 매우 상대적인 가치를 놓치지 않고 지적한다.

> 나는 먼 곳에 사는 주민의 기이한 의상과 풍속을 특히 좋아했다. 내가 선과 악의 조건들을 그렇게 옮겨 놓은 것 같았다.
>
> –「오렐리아」

우리는 이제 미침내 선과 악을 의도적으로 부정하는 상태에서 로트레아몽의 비밀을 찾아야 할 것 같다. 그가 『말도로르의 노래』에서 신성모독의 위대함을 찬양할 때 그는 자기의 시집을 선善의 영광까지 끌어올리고 있다. 로트레아몽을 내세우는 초현실주의 시인들은 윤리적 가치들의 일시적 특성들을 의식했지만, 세상의 도덕에 대한 파괴적 분노에 이끌려 악의 찬양 속에 스스로 갇히는 오류를 범하고 말았다. 따라서 그들의 태도는 사고의 오류에서 비롯한 것 같다. 그것은 그들이 도덕적 격률들을 무너뜨리려고 목표했던 사고가 반대로 뒤집힌 모습에 지나지 않는다.

그러므로 시적이며 신비적 체험의 세 번째 국면은 생 장 드라크루아의 표현대로 영혼이 '판단을 내릴 만한 근거가 없다'라는 사실로 특징지을 수 있다. 더욱이 필요할 경우, 단순히 모든 시대, 모든 종교의 신비주의자들이 그 점에서 일치하고 있다는 사실을 강조하기 위해서라면 『브리하드 아라냐카 우파니샤드(*Brhad Aranyaka Upanishad*)』*에 나오는 몇 줄을 인용할 수도 있다. 이 책은 신비주의자가 보편영혼과 동일화되는 순간에 선과 악의 소멸을 칭송하고 있다.

> 거기(영혼 속)에선 아버지는 아버지가 아니고 어머니는 어머니가 아니며 세상은 세상이 아니고 신들은 신이 아니며 또한 베다도 베다가 아니다. 거기에선 도둑은 도둑이 아니며 낙태자는 낙태자가 아니고… 고행자는 고행자가 아니다. **선도 악도 행위에 연결되지 않는다.** 마음의 온갖 번뇌는 바로 거기에서 생기는 것이므로.[11]

상반되는 것들이 수도자에게서는 서로 대립하기를 그친다. 윌리엄 제임스가 신비 체험을 할 기회를 가졌을 때, 그는 그들의 상호 통합을 인식하고 기록했다. 그에 대해 그는 다음과 같이 설명했다.

> 나 자신의 체험들로 다시 돌아와 보자. 내 체험은 모두

---

* 힌두교의 여러 『우파니샤드』 경전 가운데 가장 오래되고 긴 경전. (역주)

11 강조는 필자.

일종의 직관을 향해 집중되었다. 나는 그 직관에 형이상학적 영향력을 부여하지 않을 수 없었다. 그것은 언제나 상반되는 것들의 조화로운 통합이다. 거기에 대립하는 것은 우리의 모든 악의 원인이다. 나는 그 안에서 같은 종인데 극단적으로 다른 두 개를 보았을 뿐만 아니라 그 둘 중 더 나은 하나가 종과 섞이면서 다른 하나를 흡수하는 것을 보았다. 이러한 논리 공식은 모호할 테지만 내게는 압도적이다. 나는 그것이 의미를 지니며 또한 헤겔 철학의 의미와 멀리 떨어져 있지 않다고 내심 확신한다.[12]

위의 주장은 지고의 선[善] 속에 상반된 것들의 통합이란 무엇보다도 플라톤의 가르침에 기반을 두고 있다는 사실로 보완할 필요가 있을 것 같다.

우리는 시인과 신비주의자들이 영감과 무아경에 사로잡힐 때, 그리고 그들의 자아가 자기를 통해서 발현하는 더 거대한 실재의 개입에 자리를 넘겨줄 때, 그리고 마지막으로 도덕적 가치들이 그들의 깨달음으로 인해 사라지게 될 때, 그들은 그들 체험의 여러 국면을 통해 계속 만나고 있음을 보았다. 그들의 일치는 더 연장된다. 그들은 그 일의 마지막 국

12 윌리엄 제임스, 『종교적 체험』.

면에 이른다. 이때 그들은 그들 자아의 텅 빈 진공상태를 인식함으로써 그들이 구상했던 단일성과 더 이상 구분되지 않기에 이른다. 게다가 그 어떤 실체도 단일성의 바깥에 머무르며 그 제국의 영역을 한정할 수 없다는 사실 자체에 의해 단일성이 이번엔 긍정적 가치로서 사라지게 되고 과거에는 전체였던 것이 무無로 바뀐다. 그렇게 해서 신비주의자들도 시인들처럼 밤의 실재에 다가간다.

앞장에서 우리는 노발리스, 네르발, 보들레르, 포와 말라르메를 어둠의 제국을 발견하는 양상으로 고찰했다. 신비주의자들의 책을 읽어보면, 그들도 시인들처럼 자기들 방식으로 나무 없는 숲 기슭에 이르는 것 같다. 그 나무 없는 숲의 그림자들은 우리가 지침으로 삼았던 시인들의 발자취를 묻어버렸다.

생 드니Saint Denys*는 신의 비밀스러운 지혜를 한 줄기 암흑의

---

* 생 드니의 본명은 디오니시우스이며, 3세기에 파비아노 교황에 의해 로마의 식민지였던 프랑스 파리에 초대 주교로 파견되어 포교 활동을 했다. 14성인 가운데 한 사람으로서 로마 황제 도미티아누스의 박해를 받아 참수되었다. 그가 겪은 박해와 고문, 순교의 이야기는 『황금 전설』에 수록되어 있다. 전승에 따르면, 디오니시우스는 채찍질을 당하고 벌겋게 달군 쇠로 지지는 고문을 받았을 뿐만 아니라 사나운 맹수들에게 먹이로 던져졌다가 십자가형에 처해졌다고 한다. 그런 다음 그는 다시 감옥에 보내졌고, 그곳에서 다른 그리스도교인들과 함께 미사를 드렸는데, 그때 갑자기 밝은 빛 속에 그리스도가 나타나 그들에게 성체를 영했다고 한다. 그리고 다음 날 파리 근교에서 도끼로 참수되었다. 참수된 곳을 그 당시 사람들이 '순교자

빛이라 정의한다. 뤼즈브루크Ruysbroeck*는 『영적 결혼의 장식품』에서 명상에 필요한 주된 조건은 다음과 같다고 말한다.

> 자기 자신이 아무 양태도 없는 어둠의 세계로 사라지는 것. 또는 모든 명상하는 정신들은 어느샌가 삼켜져 버려 피조물의 양태로는 결코 저 자신의 모습을 되찾을 수 없게 된다.

그러나 이두운 인식에로의 집근은 생 장 드라크루아의 작품에 의해서 비로소 분명하게 정의된다.

> 덕의 길로 첫발을 내디딘 후 주님께서는 그들을 거룩한 결합으로 인도하기 위해 그들이 어두운 밤 안으로 들어

의 언덕'이라는 뜻의 몽마르티르(Mont-martyr, 오늘날의 몽마르트르)라고 불렀다. 그들의 유해는 센 강에 내던져졌으나 곧 신도들이 찾아내어 파리의 북동쪽에 있는 마을로 그의 머리를 가져갔다고 한다. 또 다른 전설에 따르면 고통스럽게 참수당한 후 디오니시우스는 스스로 깨어나 참수당한 자신의 머리를 두 손으로 받쳐 들고 언덕을 내려가 하느님이 자신의 묘소로 지정해준 곳으로 갔다고 한다. 6세기 초 성녀 제노베파는 디오니시우스의 무덤 위에 성 디오니시우스 대 수도원 성당(생드니 드 베네딕트 수도원)을 건축했다. 프랑스 파리의 수호성인이며, 그의 동상은 머리를 손으로 받쳐 들고 있는 모습으로, 파리의 노트르담 성당 입구에도 있다. (역주)

* 얀 반 뤼즈브루크(1293-1381)는 플랑드르의 가톨릭 성직자로서 13-4세기에 플랑드르에서 레나니까지 퍼졌던 영성 가톨릭 신비주의의 주요 인물이다. 그의 작품은 중세 네덜란드어로 되어있다. (역주)

> 가기를 원하지만, 더 멀리 가지 못하는 사람들이 있다.
>
> —『카르멜로 산 오르기』

도덕적 가치에의 집착, 추론적 인식, 내적 조화 등은 존재의 희생과는 분명 무관할 것이나 밤의 무자비한 실재는 희생에 동의하기를 요구한다. 정신에 중요한 것은 힘들을 자극하는 것이 아니라 반대로 '암흑의 무시무시한 정화작용'에 복종하는 것이다. 정신의 '밤'은 감각의 '밤'과 짝을 이루어 가야 하며, 이 두 개의 밤은 결국 '신의 밤'으로 인도한다. 눈부신 '밤', 백색의 '밤'으로 정의되는 이 신의 밤은 그 속에서 상반되는 것들의 통합을 실현한다. 암흑의 상승에 자리를 내주어야 하는 정신의 파괴 역시 잔혹한 인내심으로 분석된다.

> 영혼에 있어서 모든 행위는 유예되어야 한다. 필요한 것은 영혼이 피조물에 대해서는 무관해져 버린 자유로운 정신을 갖는 일이다…. 영혼은 피조물로부터 완전히 떨어져 나가 순수한 영적 빈곤함으로 비어있어야 한다…. 분명하게 이해되기까지 오랫동안 진보는 불가능하다.
>
> —『활활 타는 사랑의 불꽃』

경계 없는 실체를 한정하려 하고, 근본적으로 말의 범위를 벗어난 대상을 표현하는 데 집착하는 담론의 긴장은 결국 부정적 표명에 이르게 되는데, 그런 표명이 나타난다는 것은 어떤 실재의 표현을 겨냥하고 있다는 표시로서 그 실재에 접근하면 말도 생각도 파괴되고 만다.

> 여러 가지 앎의 방식을 단념하고 '무지'로 넘어가는 것, 바로 그것이 실천해야 할 일이다. 그 길 위에서 더 이상은 자기 길을 가지 않는 것, 그것이 참된 길 안에 있는 것이다.
>
> —『카르멜로 산 오르기』

그처럼 자기 고유의 힘에 맞서 정신의 방향을 전환하는 것은 시간과 공간을 초월하여 아주 다양한 신비주의자들의 글 속에 나타나 있다.

> 길이라고 하는 길은 길이 아니요, 발음될 수 있는 이름은 이름이 아니다.
>
> —『老子』*

* 노자의 도덕경에 있는 구절이다. "道可道 非常道 名可名 非常名" (역주)

담론이 뒤집혀서 비담론 속으로 물러나는 순간 절대가 예감된다.

> '아니요'로만 지시될 수 있는 것은 바로 그다, 아니다. 그는 포착할 수 없다. 나눌 수도 없다. 그는 속세의 인연도 재산도 없다.
>
> -『브리하드 아라냐카 우파니샤드』

생 장 드라크루아와 같이, 인도의 신비주의자들에게 암흑에의 접근은 절대적 실재에 대한 관조와 섞인다. 우주의 중심점인 태양은 인간의식의 중심과 유사하게 자기 빛 뒤로 숨은 비밀스럽고 참된 힘의 최종 장막일 뿐이다. 태양의 둥그런 표면은 밤의 가면일 뿐이다.

> 진리의 얼굴이 황금 원반으로 가려진다. 오 태양이여, 세계의 양육자여, 그 장막을 벗어라! 진리의 법칙을 수호하는 내가 그 얼굴을 볼 수 있도록!
>
> 오 태양이여, 어디에나 있는 유일한 견자요 지배자며, 창조주의 아들이여. 광선을 걷어내고 네 빛을 유지하라! 세상 그 무엇보다도 아름다운 네 형상을 나는 응시할 수 있으리라!

네 안에 있는 거룩한 존재, 그것은 나 자신이도다![13]

신비주의자와 시인들은 그들 체험의 마지막 국면에서 인식의 공통양식, 즉 어두운 인식 양식을 만날 기회를 얻었을 뿐만 아니라 그들이 우리에게 주려고 하는 근사법의 내용에서도 다시 만난다. 우리는 네르발이 「오렐리아」에서 '태양 없는 나라'에 대해 주장하는 소리를 들었는데, 그는 밤이 그를 맞이할 때 그 태양의 나라를 발견한다. 그는 이렇게 썼다.

꿈속에서는 아무리 생생한 밝음을 자주 인지한다 해도 결코 태양을 보진 못한다는 것을 누구나 알고 있다. 사물이나 육체는 스스로 빛을 발한다.

우리는 또 보들레르가 「파리의 꿈」에서 별들과 태양이 추방된 그 나라에 대해 묘사한 것을 앞에서 보았다.

이 기적들을 비추기 위한
별도 태양의 흔적도 없어,

---

13 우리는 이 마지막 문장의 반향이 에드거 포의 「유레카」에 있음을 기억한다. 물론 포는 이 문장을 알지 못했다. "그러면 지금, 이 거룩한 마음은 무엇인가? 그것은 우리 자신의 마음이다."

하늘 저 끝까지도.
자신의 불길로 빛나고 있었지.

Nul astre d'ailleurs nuls vestiges
De soleil, même au bas du ciel,
Pour illuminer ces prodiges
Qui brillaient d'un feu personnel.

다음은 신비주의자 마리 드 발랑스Marie de Valence가 그녀의 무아경 속에서 발견했던 태양 없는 빛이다. 그녀는 말 속에서 하나의 반영이 지나가게 하려고 노력했다.

> 내가 보았던 것은 형태도 얼굴도 없는 것이었다. 그런데도 그것은 무한히 아름다워 참으로 보기 좋았다. 그것은 아무 색깔이 없었지만, 온갖 색채의 축복을 지니고 있었다. 내가 본 것이 태양 같은 빛은 아니었다. 그런데도 놀라운 밝음을 주고 있었고 거기에서 온갖 영적이며 육체적인 빛이 나오고 있었다.

이 태양 없는 빛을 성녀 테레즈 다빌라Thérèse d'Avila도 똑같이 체험했다. 그녀는 그 빛의 위대함을 우리에게 느끼게 해주려고 전력을 기울였다.

(…) 그것은 전혀 눈부시지 않은 섬광이며, 그윽한 백색이고 하늘이 내린 광휘여서 시선을 피곤하게 하지 않고 감미롭게 매혹한다. 그 빛의 도움으로 이 온통 거룩한 아름다움을 감지하는데, 그것은 이승의 빛과는 완전히 다른 빛이다. 태양의 밝음은 이 빛과 비교하면 아주 흐릿하게 생각될 정도다. 이 찬란한 광휘는 우리 내면의 시선에 수어진다. 그러니 더 이상 눈을 뜨고 싶지 않을 수밖에.

이 두 빛의 차이는 마치 수정 위를 흐르며 햇빛에 반짝이는 투명한 물과 구름 낀 하늘 아래에서 땅 위를 달리는 아주 탁한 물 사이의 차이와도 같다. 태양을 보는 것도 아니고, 문제의 빛이 태양의 빛을 닮은 것도 아니다. 그렇다. 내가 말하는 빛은 자연 그대로다. 그때 인공적으로 보이는 빛은 다른 빛이다. 그 빛은 밤을 알지 못하며 언제나 변함없이 그대로이다. 아무것도 그 빛을 흐리게 하지 못한다. 요컨대 그 빛은 너무나 아름다워서 세상에서 가장 영특한 사람이 평생 노력한다 해도 그 빛을 있는 그대로 상상하지 못할 것이다.

—『삶』

이처럼 신비주의자와 시인들은 자기 정신의 충만함을 이루기 위해 능동적 방법이나 수동적 방법을 사용하여 점진적으로 자아의 부정과 윤리적 가치의 부정에 도달한다. 그리고 암흑의 실재에 들어가게 되는데, 그 안에서는 밤과 빛이 서로 대립하기를 그친다.

그렇지만 그런 일치와 만남에는 시적 체험과 신비적 체험을 분리하는 단 하나의 근본적인 차이가 있다.

시인이 말씀에 이를 때 신비주의자는 침묵으로 향한다.

시인은 눈에 보이는 우주의 힘들과 동화되지만, 신비주의자는 그 힘들을 통과하여 그 뒤에서 절대의 경계 없고 움직이지 않는 힘과 만나려고 시도한다.

적어도 시인은 그가 처음부터 설정한 목적에서 벗어나지 않는 한 그렇게 처신한다. 그의 목적은 통일성의 의식을 우주에 가져다줌으로써 언어의 창조적 힘들을 풀어놓아 우주를 연장하는 것이다. 그는 세계를 구성하는 가장 조화로운 힘들을 '내쉬기' 전에 우선 그 힘들을 '들이마셔야' 한다. 시인의 참된 자아는 그를 다른 사람들과 구분하는 자아가 아니라 세계가 솟아난 하나의 거대한 영혼으로서 자기의 영혼인 동시에 우주의 영혼임을 실현한 후에, 그는 잠재적으로 우주의 주인이 되어 그 지배력을 행사할 수 있게 된다. 불의 도둑인 그는 조물주의 작업을 실현해야 할 의무가 있다. '말'이 그에게 주어진다. 그가 말을 등진다는 것은 시를 거부하는 것과 마찬가지다.

그와는 반대로 신비주의자는 신의 작품들을 지나 그 원천에 도달하려고 노력한다. 그의 왕국은 이 세계에서 온 것이 아니다. 우주는 절대 안의 결핍으로, 그의 힘들을 고의로 제한하는 것으로, 또는 그에게 얼룩 하나 남기지 못하는 실체 없는 신기루로 간주하기 때문에 신비주의자는 그의 특권들에서 멈추지 않는다. 그가 자기 자아의 공허함, 선과 악을 나누는 범주들의 공허함을 인식한다면 그것은 그 본원에 그가 속하는 세계의 비실재성을 인식하기 위한 필요에 의해서다. 자신의 모든 의지와 사랑을 동원하여 그는 하나의 실재로 향한다. 그것은 자기 존재 바깥의 실존을 감당하지 못하는 실재로서 그에 대해서는 말할 수 없거나 표현 불가능한 것이다. 침묵은 그가 스스로 설정한 목표에 이르고 있음을 알리는 징후다. 계시에 대하여 말을 사용하는 것은 신비주의자로서는 그 계시를 저버리는 일이다.[14]

---

14 "쓰기를 멈춰야 한다. 나는 내가 생각하는 것에 대해 아무것도 말하지 않겠다…. 내 침묵이 내 펜이 받아 쓸 수 있는 것보다 여러분에게 더 많은 것을 표현한다고 생각한다. 삶에서 말할 때와 침묵할 때가 있다면, 침묵할 때가 내게 왔다." -「모후 앙투아네트 드 제쥐(Antoinette de Jésus)의 편지」,

그러므로 시적 체험과 신비적 체험의 국면들은 그들의 목적지까지 나란히 전개되다가 갑자기 깊은 심연으로 서로 분리되어 운동과 정지, 말과 침묵이 끊임없이 대립한다.

이 두 체험의 특성에 관해 가치판단을 내리는 일이 가능할까? 어떤 판단은 상대적인 실재들과 인식할 수 없는 절대 사이의 균형을 상정한다. 단일성에 대해 더욱 완벽한 의식의 방향으로 시인이 자극한 창조적 힘들은 절대의 점점 강렬해지는 근사치를 통해서 그 창조력들을 절대에서 떼어놓는 조화로운 균열을 바로잡는 중일 것이다. 그러나 창조력이 지주가 되는 현현顯現의 세계는 스스로 소멸함으로써 순수한 실재가 나타나도록 할 수 있다는 사실로 자신의 참된 위대함을 끌어낸다. 말라르메가 『이지튀르』에 앞세운 문장은 그런 점에서 의미심장하다.

> 그 자신은 결국, 소리가 사라지게 되면, 그가 빛에 바람을 불어넣어 그림자를 만들 수 있다는 단순한 사실에서 어떤 위대한 것(별의 발자국? 폐기된 우연?)의 증거를 끌어낼 것이다.

Paris, 1658.

만약 빛의 모든 가치가 그림자를 위해 바람을 받아들일 수 있는 것이라면, 길을 통해 밤으로 직접 열리는 체험이 운동을 통해 밤을 우회부터 하는 체험보다 우월하다는 것은 의심할 여지가 없다. 게다가 시적 체험에 대한 신비적 체험의 이런 우월성은 특히 밤의 의미에 사로잡힌 시인들이 시인이기를 그만뒀다고 인정되는 때에만 받아들여질 수 있다. 따라서 그들은 '힘들의 중단'인 신비적 상태의 특징적 징후를 나타내게 되었다. 라신이나 랭보의 갑작스러운 침묵, 말라르메의 극심한 고통이었던 표현 불능, 그리고 나아가서 보들레르가 표명한 형언할 수 없는 것에 대한 번뇌, 이런 것들은 그들이 도달한 상태에 대한 일종의 확인 가능한 흔적들이다.

다른 한편으로, 많은 신비주의자가 반대로 그들의 계시를 해실하기 위해 익지로 말을 하려 한다면 그들이 그곳에 도달하는 정도에 따라 시인과 같은 행동을 하게 되는 셈이다. 시인과 신비주의자, 이 두 계열의 정신 사이에서 항구적 교환이 끊임없이 이루어져 왔다. 그들은 시간이 지나고 나면 어느 한 편이 될 수밖에 없다. 그들의 영적 지대는 너무 가까이 인접해 있어서 언제나 결합을 시도하지 않을 수 없는 것처럼 보인다.

제6장

신화와 실재

우리는 인간을 소우주로 생각하여 대우주에 끊임없이 연결한다. 우리는 이 책의 처음부터 신과 인간이 유사하다는 생각에 기반하여 우리가 세운 가설들을 증명할 수 있으리라는 희망을 품었다. 그것은 인간의 사고가 그 정점이라 할 수 있는 창조적 사고로 변화하는 순간을 분석해보면 보편의식(신의 의식)이 우주를 발현하고 보존하고 파괴할 때 어떻게 작용하는지 알 수 있을 것이라는 가설이다. 그 결과 우리가 앞에서 살펴본 장들에서는 인간의 의식과 인간이 의존하는 본질의 의식 사이에 때론 불분명하기도 했지만, 대부분은 명확한 비교가 끊임없이 이루어졌다.

우리는 영감 현상에 대한 분석을 통해 인간의 의식이 자기 영역의 통일을 실현하여 자신의 총체적 힘을 발견하기 위해 사용할 수 있는 두 가지 방법을 알아낼 수 있었다. 무의식적인 것의 경계는 그것을 추적하면 그만큼 뒤로 물러나는데, 의식은 영감의 효과에 의해 아주 완벽한 상태에 점차로 접근함으로써 세계가 솟아난 의식의 이미지로 정말 변하는 것으로 보인다.

우리는 두 번째 연구를 통해 말은 관념의 감각적 형태라는 것을 알았다. 관념이란 통일된 의식이 대상으로 놓여 스스로 한계를 부여하고 그 한계와 관련지어서 자신을 인식하게 되는 것을 말한다.

인류와 함께 오랫동안 이어져 온 여러 전통은 우주가 신의 말씀으로부터 생겨났기를 바란다. 따라서 우리는 단어를 만들어내는 인간 의식의 활동과 말씀으로 우주를 창조한 보편의식의 활동 사이에 언제나 어떤 유사 관계가 있을 것으로 생각하는 경향이 있다.

베다나 카발라와 같이 오래된 우주발생론의 이론들이 암시하는 우주의 발현과 재흡수의 리듬운동은 삶과 죽음의 현상에 관한 해석일 뿐인데, 시적 이미지의 형성 과정에서도 그 운동이 나타난다. 이미지들의 주기적 운동이 전개될 수 있도록 충분히 확장된 시기를 통해서 이미지들을 관찰해보면 알 수 있다.

끝으로 시적 체험의 최종 국면은 시인의 의식이 자신과 자기 세계 사이의 모든 경계를 폐기하여 대립자들이 대립을 멈추는 암흑의 인식에 도달하고자 하는 출발점이다. 이때는 필연적으로 우주적 진화의 순간을 상기하게 되어있다. 그때 여러 세계는 자기들을 만들어낸 힘에 다시 굴복하게 되고 밤의 지배에 자리를 내줄 것이다.

시적 체험의 국면들에 대하여 지금까지 우리가 해온 분석을 통해 우리는 인간 의식의 움직임과 신의 의식의 움직임이 실제로는 단 하나로만 나타난다는 점에서 그 둘 사이의 유사 관계를 알게 되었다. 이러한 가정이 확실해질 수 있으며 시적 체험이 하나의 인식 방법으로서 가치를 갖는다고 주장할 수 있을 때는 다음과 같은 경우에만 가능하다. 즉 보편의식이 만들어낸 대상이, 특히 감각 세계의 경우에, 시인이 만들어내는 대상과 어느 정도 어우러져 그 본질적 동일성이 그 대상들에 부여될 수 있을 때이다.

모래로 덮인 금속판에 진동으로 전달되는 음향을 만들어내는 것으로 잘 알려진 물리학적 실험은 거기에 예기치 않게 완벽한 기하학적 선들을 그려낸다. 감각 세계의 음향과 리듬의 조직력은 이런 기초 실험의 경우에 분명하게 나타난다. 따라서 제대로 발음된 말은 계산 불가능한 힘을 우주에 행사할 수 있으리라는 추론이 가능하다. 이러한 가설은 매혹, 기도, 주문 등의 기초가 된다. 대부분 언어에서 시인의 작품과 마술가의 작품을 똑같은 단어로 표현한다는 사실을 우리는 잘 알고 있다.

그런데 언어와 운율에 대하여 현재 우리가 알고 있는 지식은 시인에게 최악의 실망을 확실하게 안겨줄 수 있다. 시인은 한 단어를 발음함으로써 그 단어의 창조적 기능에 의해 하나의 대상이 변화되거나 구성되기를 시도하는 사람이기 때문이다. 그러나 만일 감각 세계를 창조한 말씀의 힘과의 접합점을 감각 세계 안에서 직접 발견하기를 포기하고, 시인이 관념의 영역 — 관념을 표현하는 말은 우리의 감각에 접근할 수 있는 양상들이다 — 을 향해 돌아선다면, 그는 자신의 시가 형태계를 부양하는 보편의식의 가치와 같은 본성을 가진 가치의 창조자임을 알게 될 것이다.

고금의 철학적 체계들은 대부분 논리적 필요성 때문에 우주의 창조에 관하여 여러 가설을 만들어내게 되었는데, 그 가설들은 다음 도식으로 요약될 수 있다. 의식의 현상은 일시적으로 대립하는 객체를 발견할 때에만 주체에게서 생겨날 수 있으므로 '절대'는 자의식에 이르기 위해 자기 자신의 반영을 인식의 대상으로 삼을 수 있을 뿐이었다. 이 반영은 우리가 일반적으로 관념이라고 부르는 것들의 원관념이며 감각 세계의 형상들은 점점 엷고 흐려지는 투사체들이다. 이 일련의 가설들로 제기된 원관념은 추상적 개념으로서가 아니라 놀라울 만큼 살아있는 실체로 이해되지 않으면 안 된다. 원관념의 힘은 실제로 끊임없이 우주를 거느리게 될 것이다. 그렇다 해도 그 창조적 힘과 그것이 빚어내는 우주는 절대 의식에 비하면 신화적 실존을 지닐 뿐인데, 절대 의식은 자기의 구축물을 사라지게 하기 위해서는 우주에 관한 생각을 멈추는 것으로 충분하기 때문이다.

이렇게 추정된 창조의 과정은 논리학의 요구를 충족시키는 이점만 있는 것이 아니다. 시인의 정신이 일하는 동안 실행하는 단계들을 재현하는 이점도 있다. 따라서 우리가 우주의 신화적 본성을 그 원천과 비교하며 엿볼 수 있었던 개념은 이 우주와 시인의 의식이 만들어낸 대상 사이의 본질적 동일성을 인식할 수 있게 해줄 것이다.

우리는 시인이 영감을 받는 순간에 의식의 중심과 무의식에 대립하여 부여되는 영역을 융합하는 것을 보았다. 집중이나 분산을 통해 획득된 정신의 단일화는 시적 체험의 최초 국면이다. 실험자는 능동적 방법이나 수동적 방법에 몰입한다. 단일화는 무한히 생성되는 정신의 내부에서 일어나며, 반사됨으로써만 자신의 무한성을 의식할 수 있다.

그러한 고찰은 네 가지의 연속적 양상, 즉 관념, 언어, 말, 이미지로 나타난다. 이 양상들은 의식이 자신에게서 끌어내어 경계를 부여하고 자기를 인식하는 대상의 양상이다. 이미지는 그 고유의 내재성에 관하여 정신이 성찰한 최종의 결정적 양상으로서 그 안에 정체된 절대적 단일성으로 돌아가려는 움직임을 담고 있다. 그 단일성 속에 영감을 받은 정신이 갑자기 용해된 것이다.

옛날에 이시스Isis가 창조의 거울에 자신을 비추어본다고 하는 것처럼, 의식이 스스로 만들어내어 자신을 비추어보는 자신의 반영이란 실제로는 의식으로부터 방사된 허구에 지나지 않는다. 그것은 신화의 여러 양상을 띠고 나타나는데, 보편 의식이 자기 자신의 반영을 대상으로 선택할 때 우주 자체가 그 보편 의식에 나타나는 것과 같은 방식이다.

그러므로 신화란 모든 의식에 내재한 동반의 산물이다. 의식은 스스로 한계를 부여하고 거기에서 자신을 비춰보기 위해 신화를 창조해야만 한다. 신화는 그것이 투사적投射的 실존만을 지닐 때는 거짓이며, 의식이 자기 고유의 본질을 인지할 수 있는 유일한 표지가 될 때는 사실이다. 인간 의식과 보편 의식이 서로 만나는 지점으로 다가가는 것은 그것들의 운동을 통해서만이 아니라 여러 형태의 신화로 자신을 파악하려는 필연적인 경향을 통해서이다.

모든 의식이 자신과 자기의 반영을 마주치게 함으로써 끌어내는 자기 고유의 실재에 대한 인식은 유사 인식의 양식들에 따라 생긴다. 따라서 은유라고 불리는 문채文彩는 어쩌면 언어의 영역에서 자기의 신화와 밀접하게 연관된 의식이 보여주는 조합으로부터 무한히 멀리 떨어져 있는 상응相應일 것이다.

이제 우리가 진행하려고 하는 것은 시인이 신화를 만들어내고 그 유사성 속에 자기를 비추어볼 때 그가 어떻게 반응하는가에 대한 것이다. 우리는 인간 의식의 속성들이 점차로 사라지는 길에 시인이 들어섰음을 보게 될 것이다. 그가 도달하는 상태 속에서 보편의식의 창조 활동들이 자기 고유의 것과 같다는 사실을 그가 알 수 있을 때까지.

***

유사 인식의 길에 들어섰다는 것은 인간 정신의 측면에서 보면 외부 세계의 비현실성을 생각하는 것과 같다. 마찬가지로 자기 자아의 허망한 본성은 세계가 그에게 부여하는 한계들의 내부에서만 존속할 수 있다. 그것은 실험자의 무자비한 희생을 상정한다. 그는 감각 세계의 양상들이 상응의 방법을 적용하자마자 증발하는 것을 보게 될 것이며, 동시에 외적 현실의 장벽들이 자기를 제한하기를 그침에 따라 붕괴의 충격을 받은 개성의 소멸을 생각할 것이다.

무엇보다도 먼저 주체와 외부 세계 사이에, 다음으로는 객체들 자체 사이에 존재하는 듯이 보이는 차이점들에 열심히 주목하고, 그에 따라 하나의 세계 — 그 풍부한 현실은 그 요소들에 대한 분석을 통해 더욱 풍부해진다 — 로 엄격하게 한정된 개성의 위치를 견고하게 만드는 방향으로 나아가는 분석적 이해와는 전혀 다르다.

모든 것이 분석적 이해를 위해 행해진다. 마치 개성의 원환 밖에서 유지되는 외부 세계가 억압의 산물인 양. 공간과 시간의 틀은 그러한 해석의 영향으로 인간 정신이 창조한 장벽으로 나타난다. 그리고 이 장벽들은 보존 본능에 따라 절대적 실재에 대립한다. 절대적 실재의 출현은 이 정신이 속한 상대적 세계의 파괴를 의미할 것이다.[1]

1 의학적 측면의 정신분석학은 개인을 그의 신화들로부터 치유하는 데까지 이르고 있다. 분석적 방법론의 기법으로 개인에게 자기의 신화들을 해석하게 함으로써 그 과정을 명확하게 진행한 후에 그의 존재 자체로부터 그를 낫게 할 가능성이 있는 것이다. 그런데 알다시피 어떤 정신분석가들은 죽음을 신화로 가득 찬 인간의식의 바라마지 않던 통합적 치유로 생각한다.

그에 대해서는 재미있게도 고대의 『바르도 퇴돌(*Bardo Thodol*)』 또는 『티베트 사자(死者)의 서』가 정신분석학의 기법들과 마주친다. 『바르도 퇴돌』은 의식이 육체의 삶이 끝났을 때 해체되지 않는다는 전제하에 죽은 사람의 의식은 마음이나 뇌에서 생겨난 평온한 신성 또는 성난 신성의 모습으로 그의 앞에 서 있는 사고와 마주 보고 있다고 단언한다. 의식은 그 신성들이 실체가 없으며 그 자체에서 발현한 허구일 뿐이라고 인식할 것이다. 의식이 그러한 인식에 도달하게 되면 의식은 상대적이고 분리된 실체로 존재하기를 멈추고 절대적 실체와 합쳐진다. 그와 반대의 경우에는 의식은 되돌아와 새로운 육신 형태 — 의식이 낳을 수밖에 없는 육중하고 가혹 인간 정신이 개인의 존재로부터 생긴다는 확신이 그에게는 상식처럼 전적으로 자연스럽거나 자율적인 것이 아니다. 우리는 원시인과 아이들의 정신상태에 대하여 수행하게 될 관찰을 통해 그에 관해 아주 놀랍고 새로운 사실을 알게 될 것이다. 원시인과 아이들은 그들의 자아와 외부 세계 사이에 근본적인 구분을 하지 않는다. 그들은 분유分有의 정신이라고 명명된 한 의미에 사로잡혀 있다. 정신이 방어를 위해 절대적 실재에 대립시키는 공간과 시간의 장벽이 그들에게는 아직 투명함의 단계에만 존재한다. 그들의 정신과 보편의식 사이의 본질적 동일성에 대한 인식은 언제나 끊임없이 실현되는 중인 것 같다.

원시인과 아이들의 의식 상태가 그들이 본질적 방식으로 분리되지 않은 우주 안에 자연스럽게 자리하고 있다면, 신비주의자들과 시인들의 의식 상태는 그들을 만들어낸 창조자의 자발적 노력에 의해서만 그러한 융합에 이르며, 그것은 체계적으로 추구한 체험의 결과다.

한 그림자 — 의 내부에서 상대적 세계를 떠돌 것이다.

우리는 여기에서 소우주에서 대우주로의 이행을 발견한다. 자신의 신화들과 연결된 인간의식은 거기에서 빠져나오기 위해 신화의 의미와 본성을 이해하게 되고, 절대 의식이 보여주는 현상을 축소된 사다리에서 재생산한다. 그때 인간의식은 자의식의 노력 속에서 우주를 발출하고 다시 빨아들인다.

그러므로 우리는 원시인들과 아이들에게 공간과 시간의 장벽은 여전히 투명하지만, 시인과 신비주의자들에게는 혹독하게 강요된 것이라고 말할 수 있겠다.

이렇게 서로 다른 정신적 계보들이 보여주는 의식 상태의 시초가 어떤 것이든, 그들이 낳는 내용과 행위는 동일하게 나타난다. 거기에서 관찰되는 징후들은 대략 다음과 같이 요약된다. 원시인, 아이, 시인, 신비주의자의 의식은 그 의식을 비춰보는 신화적 세계 안에서 움직인다. 그 의식은 은유를 통해 단계를 밟아 나간다. 의식은 영원한 현재에 자리하고 있어서 그 안에 예언적 의미가 내재하게 된다. 이른바 주체적 실재들과 객체적 실재들 사이에 마술적 관계들이 수립되는 경향이 있음에도 불구하고 의식은 그 둘이 실제로 분리되어 있지 않다.

위의 명제들에 대한 연속적 검토를 통해 우리는 시적 체험의 주요한 요소들을 천착해 들어갈 수 있을 것이며, 그 방법들의 가치를 판별할 수 있을 것이다.

***

1. 원시인, 어린이, 시인, 신비주의자의 의식은 의식이 탄생시킨, 의식을 비춰보는 신화적 세계 안에서 움직인다.

우리는 영감에 관하여 논한 앞장에서, 그리고 여기에서도 움직임이 상반된 두 방법이 똑같이 정신의 단일화를 실현하는 데 성공하는 것을 보았다. 의식의 중심이 무의식이라고 부정적으로 명명된 지대의 압력으로 분해되도록 놔두는 수동적 방법과, 반대로 의식의 중심을 강화하여 그 빛이 정신의 모든 지대로 확장될 때까지 계속하는 능동적 방법이다. 원시인들과 아이들에게 그 단일화는 본능적으로 실현되어 있다. 그들의 의식 중심은 매우 유동적이어서 그 묶음이 정신의 단일성을 거의 해치지 않는다. 그들은 외부 세계와 항구적으로 소통하고 있음을 느낀다. 외부 세계의 형태들과 힘들이 그들이 가진 정신의 그것들과 본질에서 구분되지 않는 것 같다.

그들 의식의 밤의 지대는 숲이나 바다의 그것과 뒤섞인다. 하늘에 보이는 성운星雲들과 행성들은 그들의 가슴 속에 많이 있다고 생각하는 성운과 행성들의 연장일 뿐이다. 그들이 곳곳에서 신들을 본다면, 그것은 신들이 그들 안에서 살기 때문이다. 자연과 한 몸이 되어 자연 속에 잠겨 있는 그들은 자연으로부터 힘을 빌려오기도 하고 자기 힘을 자연에 빌려주기도 한다. 그들이 느끼고 호흡하는데, 그들이 원하고 흡수하는데, 그들이 결국 죽는데, 돌, 나무, 짐승, 별들이 왜 살지 않겠는가? 왜 의식을 부여받지 않겠는가? 왜 형태들의 흐름 속으로 가라앉지 않겠는가? 원시인은 그의 춤을 통해 그가 얻고자 하는 성장의 움직임을 보여줌으로써 식물들을 길들인다. 그는 수확이 일어나기 위해서는 풍요로운 수확과 과일의 채색을 열심히 생각하고, 몸짓과 표정으로 그것을 표현해야 한다고 믿는다. 그는 자연을 자기 의식의 반영으로 간주하고 그렇게 다룬다. 자연의 모습들은 그에게 신호가 된다. 이윽고 그의 눈에는 그것들밖에 보이지 않는다. 그는 외관의 세계에서 있는 것을 그만두고 그 세계를 결정하는 의지의 세계를 탐색한다. 풀들은 뾰족하거나 초록색인가? 보이지 않는 어떤 힘이 그들의 그런 모습을 원하기 때문이다. 그것은 자기 고유의 의식이 각각의 생각마다 구성하는 방식이다. 그 보이지 않는 힘은 그에게 친숙해진다. 그는 그 힘을 생각하고 형태를 부여한다. 그는 거기에서 모든 풀의 상징을 인지한다. 하나의 신화가 탄생하여 우리가 일반관념이라고 명명하는 것의 작가를 대신한다.

레비 브륄Lévy-Bruhl의 『원시 신화학(*Mythologie primitive*)』에 나오는 짧은 한 구절이 그에 대해서 훌륭한 예를 담고 있다.

원시인들은 많은 것을 알고 있는데도 일반성을 표현하

> 지 못한다. 체로키 부족에게 '풀'은 언제나 초록색인데 거의 사용되지 않는 일반 단어다. 그들은 각각의 풀에 대하여 특별한 이름과 함께 말한다. 그러나 신화적 재현은 일반관념을 대신한다. 감정적 요소가 논리적 일반화를 대체할 수 있는 것이다.

그러므로 원시인은 자기 고유의 정신에서 발현된 신화적 세계 안에서, 외부 세계를 투시하려고 노력하면서 살아간다. 그것은 자기가 세계의 열쇠로 선택한 자기 고유의 정신을 반영한 것들이다. 그리고 그 열쇠들이 유효하다는 것은 아주 놀라운 일이다.

어린아이는 원시인처럼 곳곳에서 '지식'을 본다. 아이는 자기가 마주치는 돌이나 나무를 두드려본다. 그 안에 들어 있는 의식을 꿰뚫어 보기 때문이다. 아이 자신도 그 의식 안에 살고 있다. 그런 직관은 얼핏 하찮아 보이지만, 천년을 이어 내려온 범신론적 철학의 가설들과 맞닿아 있다. 어린아이는 외부 세계의 형태들과 자신의 규약에 따라 자기가 창조한 형태들을 구분하지 않는다. 아이가 노는 동안 의자는 산을 표현한다. 아이에게 그것은 정말로 현실이 된다. 아이가 가진 상상력의 실체들은 적어도 피조물들의 수준과 동등한 현실적 수준을 지닌다. 이때 피조물의 존재는 그것들을 나타나게 하는 권능에 의존하지 않는 존재다. 그는 이내 양쪽 모두를 감내한다. 그 둘을 본성이나 가치의 범주로 나눌 생각은 추호도 하지 않는다. 아이는 자기 마음대로 황제나 장군이 될 수 있다. 우리는 아이가 그 안에서 움직이고 아이의 반응을 지휘하는 신화적 세계에 이의를 제기할 수 없다. 그것은 우리가 기도하는 신들을 통해 할 수 있는 것보다, 또는 우리가 받아들이는 척하지만, 우리가 진정으로 받아들인다면 우리를 사람으로 만들어 줄 선이나 악, 정의, 그리고 아름다움의 관례적인 개념들을 통해 할 수 있는 것보다 쉽게 이루어진다.

어린아이가 자기 방 안에서 산을 만들어낼 때, 또는 아이 스스로 군주로 세워질 때, 모든 일은 마치 아이가 돌과 숲의 정령을 마음대로 사용하는 것처럼, 마치 절대 권력을 가진 제우스의 정령이 아이를 사로잡은 것처럼 돌아간다. 아이는 조물주처럼 행동한다. 조물주의 의지에서 태어난 열등한 신들은 그에게 복종해야 한다. 그는 자기 정신의 반영들을 지휘한다.

그리고 가장 흔히는 어린아이가 가장 오랫동안 추구한 편애의 꿈이 성인이 되어 살아가는 동안 실현된다. 아이가 온 힘을 다해 불렀던 운명이 그에게 대답한다. 일어나는 사건들이 그의 내면세계와 그가 안에서 움직였던 세계를 구분할 줄 몰랐다는 사실을 증명해 주는 것 같다.

원시인과 어린아이에게 일반관념을 대신하는 신화적 재현은 그 자체로 의식이 본능적으로 인식의 대상으로 자처하는 반영들이다. 그것을 형성하는 메커니즘은 모든 정신 속에 존속하며, 언제든 작동될 수 있다. 심지어는 추상적 사변에 가장 깊이 빠져 있을 때라도. 엔지니어 워콜리어Warcollier는 상징적 이미지가 자기 정신에 침투해 들어오는 것을 볼 수 있었을 때, 그는 초심리학에 속하는 체험에 몰두하고 있었다. 그는 상징적 이미지의 탄생에 관해 이렇게 말한다.

> 텔레파시에 몰두하고 있을 때였다. 누군가 갑자기 내가 저녁 식사에 초대한 사람이 오지 못할 것이라고 내게 알려줬다. 페르시피앙percipient*의 체험을 하기 위해 나는 그 후 몇 분 동안 그 생각을 추적했다. 나의 수동적 상태는 비어있는 의식적 사고와 함께 완벽했다. 그렇지만 내게 나타난 첫 이미지는 깨어진 접시의 이미지(내가 조금 전에 받은 소식의 상징적 이미지)였고, 두 번째 이미지는 텔레파시의 성공이었다.[2]

---

* 초심리학 용어로서 초감각적 방법으로 다른 사람의 정보를 수신하거나 수신하려고 시도하는 사람. (역주)

2 《형이상학(la Revue Métaphysique)》, 1930, n° 4에서 발췌.

깨어진 접시는 그 고유의 실체에서 끌어낸 신들로 벼려지려는 정신적 성향에 관한 정보를 우리에게 준다. 접시의 출현은 실패와 단절의 일반관념을 수립하려고 한다. 그것은 의식에서 발현했지만, 의식에게는 내일 없는 희망의 불길한 신이 된다. 우리는 그 현상에서 접시의 출현은 원시인이 선택하는 신들의 탄생 자체를 나타내는 것이라고 생각한다. 어떤 이상한 돌과 어떤 기이한 나무가 원시인에게는 은밀한 사건들의 열쇠가 된다. 그 사건들과 연관된 대상들이 동시에 환기되게 하려면 그 열쇠를 참조하는 것으로 충분하다.

어린아이의 의식도 똑같이 우리가 대상과 존재들을 인지하는 곳에서 신화들만을 기록한다. 주지하다시피 아버지와 어머니는 아이의 정신 속에서 특별한 개인의 개념을 결정적으로 뛰어넘는 힘과 함께 신화로 존재한다. 훗날 아이의 이성은 그 신화로 형성될 것이다. 철학자 융은 모든 신화가 수많은 본성적 복합성의 반영으로서 인간의 정신 속에 미리 존재한다고 주장했다.

시인들에 의한 신화적 인물들의 창조, 신비주의자들에 의한 거룩한 실체들의 창조는 신기루에 사로잡힌 의식 드라마의 지배를 받는다. 그들이 존재하지 않는다고 말한다면 그것은 그들이 존재한다고 주장하는 것만큼이나 잘못된 단언이다. 명목론자들과 사실주의자들은 옛날의 논쟁에서 똑같은 오류의 대립된 면들에 집착했던 것 같다. 사실 일반관념은 신화적 재현으로서 존재한다. 그리고 신화적 재현은 그 기원이 되는 의식에 관련해서만 현실성을 지닌다.

2. 원시인, 어린아이, 신비주의자, 시인의 의식은 은유를 사용한다.

의식이 인식의 신화적 대상들을 스스로 조달할 때, 의식이 들어 있는 위치에서 어떤 경향이 생겨나는 것을 알 수 있다. 그것은 의식이 제공하는 지각 노력을 기울이는 도중에 은유를 사용하려는 경향이다.

은유의 사용은 그것을 사용하는 사람의 정신 속에서의 비유를 필연적으로 함의한다. 은유는 유사 인식의 과정에 내재해 있다. 그것은 탐구하는 대상을 주체와 유사하게 만들어가면서 이미 알고 있는 대상에 근접시키는 일이다. 그러므로 의식은 비유를 사용할 때 외부 세계와의 동화同化 작업을 통해 자기 고유의 실재와 우주의 실재 사이에 구조적 동일성을 제어하기만 한다고 말할 수 있다. 의식은 미리 알고 있는 것만을 배우며, 사전에 씨앗으로 품고 있었던 것만을 동화한다.

은유는 의식이 알고 있는 실재와 의식이 인지해야 하는 실재의 응축이다. 은유는 미지의 요소를 담고 있으며, 그 요소의 신호는 은유를 구성하는 낱말들의 충돌에서 솟아나는 섬광이다. 은유의 이미 알려진 낱말은 의식의 특권들 뒤에 잠복해 있는 의식의 대체물이다. 탐구할 낱말은 의식이 다시 점령하려고 준비하는 의식 자체의 반영이다.

은유의 낱말들이 적용되는 대상들은 외관상 최우선적인 중요성을 지닌다. 그런데 사실은 이미지에 사로잡혀 의식이 구성하는 힘의 중심에서 발현된 대상들과 의식 자체 사이에 본성적 동일성을 인식하려는 노력 속에 긴장한 의식의 드라마만이 중요하다.

따라서 인식의 은유 과정에 몰두한 의식은 대상들이 보여주는 차이에는 전혀 관심을 두지 않고 반대로 대상들을 서로 연결하여 그 다양한 형태들로 단 하나의 이미지를 만들어내는 가장 은밀한 대응점들을 밝혀내는 데 몰두한다. 의식은 자기 자신의 성역 위에 그 유일한 이미지가 나타나 주기를 기다린다.

우리 눈에는 서로 다른 것 같은 요소들의 황망함은 단일성의 감각이 침투한 의식의 인지작용 안에서 어떤 외관상의 혼란을 반대급부로 지니고 있다. 의식은 다양성이 혼란을 불러일으키는 지점에서 유사성을 인지한다.

두 대상이 지극히 다름에도 불구하고 한 대상 안에서 또 하나의 대상을 보는 그 능력은 분석적 방법이 아직 굴복시키지 않고 변형시키지 않은 의식에게만 있는 것 같다. 은유는 원시인의 시선에 새로운 대상이 나타날 때 원시인의 정신 안에서 저절로 만들어진다. 원시인은 자기가 지어준 이름 안에 은유를 함축하고 있다.

> 호주의 원주민들은 책을 홍합이라고 불렀다. 그것은 책이 조개껍데기의 판처럼 열리고 닫힌다는 이유 하나다.[3]

어린아이들의 눈에는 세계의 모습들도 마찬가지로 서로 교환이 가능한 것 같다.

> 어린아이는 등이 세 개 달린 샹들리에를 포크와, 백조를 기린이나 낙타와, 새를 물고기와 혼동한다.[4]

알다시피 다른 한편으로 어떤 신비학자들은 새와 물고기를 그들이 다른 동물들에게 지정하는 종과 구분되는 종으로 분류하기도 한다. 원시인들이라 불리는 화가들은 주민들을 대신해서 나무들이 나뭇잎 사이에 물고기들을 달고 있는 수

---

3 Ribot, *Essai sur l'Imagination créatrice*(창조적 상상력에 관하여).

4 A. Chamaussel, "Ce que voient des yeux d'enfant(아이들의 눈은 무엇을 보는가)", *Journal de Psychologie*, 15.1, 15.2, 1924.

많은 풍경을 우리에게 남겼다. 마지막으로, 그리고 무엇보다 먼저 그런 기이한 혼동은 성경의 첫 부분에서 시작되었다는 사실을 우리는 잊을 수 없을 것이다. 성경에는 이렇게 쓰여 있다. "하느님께서는 같은 날 물고기와 새를 만드셨다."

사실 그런 만남이 우리를 놀라게 하기 위한 것이어서는 안 된다. 신비주의자는 — 원시인이나 어린아이처럼 — 어떤 성향을 나타내는데, 그 성향은 자기가 몸담은 세계와 연결된 느낌으로 축소되거나, 그 세계에서 영속성 없는 위엄만을 보는 것으로 축소될 수 없다. 그는 그 위엄과 힘들게 싸워야만 한다. 그는 우주의 여러 양상을 서로 대결시키면서 그가 그 싸움을 체험하는 지점에서 그들 단일성의 느낌이 그에게 배어들 때까지 그 싸움을 계속할 것이다. 그 순간 그의 의식 앞에는 유일하고 근본적이며 찬란한 실재만이 있을 것이다. 그 실재 안에서는 서로 인식하는 데 아무런 방해도 받지 않을 것이다.

은유, 비유, 유추는 인류를 둘러싼 미스터리를 인간이 파고들어갈 수 있도록 만들기 위해 인류의 신비적 스승들 모두가 사용한 방법들이다. 플라톤은 자기 안에 가지고 있는 것만 배우라고 가르쳤으니까 우리는 다시 배우는 일만 할 뿐이다. 우리는 복음서가 교훈적인 우화들로 이루어졌음을 알고 있다. 그래서 올트라마르M. Oltramare는 우리에게 이렇게 말한다.

> 붓다의 가르침은 교훈적인 우화, 비유, 알레고리들로 전체가 가득 차 있다. 스승과 그의 제자들에게 행복한 비유는 정당한 증거와 똑같은 가치를 지닌다. "네게 비유를 하나 해주겠다. 한 사람 이상의 똑똑한 사람이 자기에게 설명된 것을 비유를 통해 이해했기 때문이다." 이것이 논증을 완벽하게 대체하는 유사성을 도입하기 위해 붓다가 평소에 사용한 공식이다.[5]

은유의 힘을 사용하여 갑작스럽게 근접시킨 대상들의 종합을 통해, 그리고 유사성의 이용을 통해 논증을 대체하는 것은 유추적 사고 과정의 특징이다. 의식이 감각적 실재들을 뒤섞고 혼합하며 축소할 때 의식은 자기 자신을 스스로 추적하기 위해 뛰어든다. 감각적 실재들의 특이함은 모두 이시스의 시선이 지치지 않고 질문하는 거울 표면의 왜곡 물결이다.

은유의 은밀한 본성, 기원, 그리고 궁극 목표는 — 다른 모든 인식 방법을 대체하는 것이다 — 신화와 연결된 의식(신화는 의식을 반영한다)에 대하여 우리가 수행하는 검토를 통해 드러날 것이다.

분석적 인식의 과정이 외부로부터 더 이상 부과되지 않게

5 올트라마르, 『불교의 신지학(神智學)』, Geuthner, 1923.

되면, 의식은 자연히 독창적이고 지워지지 않는 자신의 성향으로 되돌아간다. 의식은 세계의 모습들을 연결하여 거기에 자신을 반영한다.

어린아이들과 원시인들에게서 그 같은 은유적 인식의 성향을 인지한 우리는 초심리학 체험의 경우 가능한 한 기능들의 완벽한 이완에 몰두하는 환자들에게서 그런 성향을 발견한다. 우리는 그런 경우를 엔지니어 워콜리어에게서 볼 수 있다. 여성용 머리빗의 이미지를 사고를 통해 전달하려고 노력하면서 어떤 환자(그는 T양이라고 부른다)로부터 다음과 같은 일련의 이미지들을 얻어낸다. 그 이미지들은 모두 암묵적이고 충격적인 비유들을 이용한 인지 대상들에 대하여 설명하고 있다.

강철로 된 팔찌, 말의 재갈, 검은 말의 목 주위로 두른 팔.

우리가 엿본 것처럼 시인들은 무엇보다도 인식 방법에 전념한다. 한 시인의 은유를 분석하는 일은 그의 예술에서 가장 내밀한 비밀을 파고들어 그가 가져다준 새로운 발견들의 총계를 내는 것과 같다. 시인은 세계와 분리되어 있다고 느끼지 않으며, 그가 가진 천품의 첫 번째 징후는 비유의 사용, 대상들을 다른 대상들로 대체하는 것이다. 그의 사고가 한

강기슭에서 다른 강기슭으로, 한 대상에서 다른 대상으로 던져 이루어내는 아치들은 종국에는 그가 우리에게 유지해주는 우주가 시인의 마음과 섞여 있다는 것을 인지할 수 있게 해주기 위한 것이다. 그 아치들은 영원히 미완성일 거대한 '은유'에 다가가려는 작업이다. 시인은 그 아치들을 구축하여 우주를 가두는 일에 전념한다.

신화는 그것을 만들어낸 사람들이 그 이상 완성할 수 없는 응고점에 도달한 은유라고 말할 수 있다. 한 문명 전체는 다음 문명에 인간의 의식에 관한 시각을 열 수 있는 열쇠로서 신화들을 물려준다. 그 신화들은 일시적으로는 정체되고 화석화된 모습이지만, 언제든 개선될 수 있다. 새로운 시인은 저마다 그 신화들을 자기 것으로 만들 수 있고, 그 위대함에 선線 하나를 더할 수도 있다.

비유, 은유, 신화는 인류 공동의 보물을 이룬다. 인류는 세계의 다양한 양상들을 축소하려고만 하며, 세계의 구조가 오로지 인류 자신만의 반영이 되도록 몰아간다.

3. 원시인, 어린아이, 신비주의자와 시인의 의식은 영원한 현재 안에서 움직인다.

공간과 시간의 틀은 절대의 힘으로 둘러싸여 억압된 의식의 산물임을 우리는 알았다. 의식은 대항 수단으로 장벽을 세우고 그 안에서 분산과 집중 작용이 가능하게 되어야만 존속할 수 있다. 그러므로 공간과 시간의 틀이라는 실재는 의식을 포위한 실체에 대한 의식의 저항과 관련되어 있다.

암흑으로 형성된 의식은 원시인이나 어린아이처럼 그 암흑에서 겨우 빠져나오거나, 신비주의자나 시인의 의식이 노력하듯이 최초의 밤을 찾으려고 한다. 우리는 그 두 경우에서 의식이 영원한 현재 — 공간의 바깥, 시간의 바깥 — 에 살고 있음을 본다.

모든 원시 사회에는 예언자가 있다. 그는 신들과 소통하며 살아가는 완벽한 인간으로 존경받는다. 인류의 위대한 스승들에게 예언자라는 명칭이 부여된 것도 그와 마찬가지로 의미심장하다. 암흑 — 그 의식은 하나의 결함에 지나지 않는다 — 의 어김없는 압력에 따라서만 행동하려는 성향은 더 진보된 시대에도 발견된다. 위대한 그리스 로마 문명이 점술학교를 세우고 델포이 신전 무녀들의 말에 복종한다.

어떤 원시적 정신상태의 전유물로 보이는 시간의 폐기는

상식이 어린아이의 사고에 부여하는 소명의식의 예감 속에서 그 씨앗을 찾을 수 있다. 그것은 운명 전체에 대한 예감과 다름없다.

원시인과 어린아이의 의식에는, 의식에 난입하여 위협하는 속성 없는 실재에 대항하여 쳐놓은 장벽을 약해지게 놔두려는 경향이 보이는데, 이 경향은 우리 각자의 의식 속에서 그다지 분명하지 않게 존재한다. 이견을 내세우는 어떤 정신분석가들은 모든 꿈에는 전조를 보이는 내용이 있다는 주장을 받아들인다. 앙리 캉디아니Henri Candiani는 그것을 '카산드라 콤플렉스'[6]로 명명하기를 제안했다. 그것은 전조적 사고가 의식의 중심을 침입하려고 노력할 때 자기보존 본능에 의해 작동하는 의식의 억압작용이다. 원시인이나 어린아이에게는 아직 깨어지기 쉬운 공간과 시간의 틀이 그들이 매순간 사로잡히는 영원성 감각의 의식을 잘 지켜주지 못할 때는, 마찬가지로 신비주의자와 시인이 무아경과 영감의 기법을 통해 끈질기게 침식해 들어가는 장벽들도 결함 없는 현재의 끔찍한 난입에 동참하는 중이다.

신비주의자들 대부분의 삶은 그들이 전념하는 교리가 어떤 것이든 간에 전조 현상과 먼 미래를 내다보는 통찰력을

---

6 *Aphorismes sur l'astrologie et la divination*(점성술과 점술에 관한 금언들), Le Livre Documentaire, Paris, 1935.

보여준다. 그들의 전기에는 그 능력들이 어김없이 성덕聖德의 징후로 해석되어 있다. 티베트 라마승 마르파의 예언을 예로 들면, 그는 제자 밀라레파Milarepa[7]에게 장차 그의 삶에 닥쳐올 사건들을 말해주었다. 또한 안 카트린 에메리크Anne Catherine Emmerich[8]의 경우를 보면 그녀는 자기 침대에서 같은 수도회 자매들의 극히 작은 움직임들과 아주 사소한 생각까지도 알 수 있었다. 그녀에게서는 직관에 의한 정신적 판단이 발견된다. 그 판단의 주변에서는 시간과 공간이 작아진다.

우리가 시간과 공간에 적용했던 장벽의 종말은 시간과 공간이 의식을 보호하기를 멈출 때 의식이 사로잡히는 침수浸水의 느낌 속에서 증명된다. 기독교 신비주의자들은 그렇게 파도처럼 밀려오는 위협적인 힘에 굴복하는 정신에 대해 수많은 증언을 남겼다.

> 난바다, 성스러운 대양의 심연 속에 정신은 잠기고 흡수된다. 그래서 이렇게 외친다. "신은 내 안에 있다. 신은 나의 밖에 있다. 신은 내 주위 어디에도 다 있다. 신은 내게 전부여서 나는 신만 보인다."[9]

---

7 *Le poète tibétaine Milarepa*(티베트의 시인 밀라레파), Bossart, 1925.

8 *La douloureuse passion de N.-S. Jésus-Christ*(예수 그리스도의 고통의 수난), Téqui, 1922.

9 Tauler, Instit., c. XII.

알바레스 데 파스Albarez de Paz는 충만한 합일에 대하여 이렇게 말했다.

> 이 단계에서 힘은 신성神性의 높은 바닷속으로 옮겨진다. 그 힘은 신 안에 잠겨 마치 빛처럼, 사랑의 열기처럼 아주 높이 들어 올려진다.[10]

마리 데스코바르Marie d'Escobar는 말한다.

> 천사들이 미지의 이해할 수 없는 신의 정수의 광대한 바닷속으로 나를 던졌다.[11]

어떤 신비로운 상태에 내재한 능력(전생의 소환, 미래의 예견, 멀리서의 출현)은 부수적 현상일 뿐이다. 알다시피 그 능력을 느꼈던 사람들은 장차 그들 체험의 종말 자체와 그 능력이 뒤섞이지 않기 위해 매 순간 싸워야 했다. 동양의 신비론은 기독교 신학자들이 쓴 글들과 마찬가지로 그러한 혼돈의 위험을, 그들에게 조금씩 생겨나는 능력들에 대하여 체험자들이 계속해서 가져야 하는 경계심을 강조한다. 그렇지

10 *De in quis pacis*, 1. V, pars III. c. V.
11 Ch. XVIII, n° 67.

만 우리는 그 능력들을 그 체험자들이 접근했던 침잠 상태의 징후로 삼을 것이다. 그 침잠 상태를 위해 시간도 공간도 이름 없는 실재 — 이 방벽이 그들을 떼어놓고 있었다 — 와 뒤섞이지 않도록 더는 그들을 보호하지 않았다.

그러므로 어떤 시인들이 자기 체험을 남긴 증언들 속에서 그런 징후들이 우리에게 보일 때, 우리는 그 징후들을 영원한 현재에 접근하는 조짐으로 간주해도 될 것이다. 그 시인들은 영원한 현재에서 작업함으로써 그런 조짐들을 보이고 있었다. 이 책의 다른 곳에서도 마찬가지지만 중요한 것은 목록을 작성하는 것이 아니라 예들을 골라내는 일이다.

알다시피 단테, 괴테, 위고는 과거든 미래든 비전이 흔들리지 않고 한결같은 미덕을 타고난 사람을 인간의 이상적 전형으로 삼았다. 그들의 작품은 그들 자신이 그 발달 단계에 도달한 사람으로 떠올랐다는 사실을 매 순간 듣게 해준다. 윌리엄 블레이크는 우리로서는 방법을 알 수 없는 어떤 상태에 도달했는데, 그 상태로 우리를 인도하는 것을 자신의 임무로 삼았다.

> 나는 내 위대한 과업을 쉬지 않는다
> 그것은 영원한 세계를 여는 일, 눈을 여는 일
> 인간의 사라지지 않는 눈을 사고의 세계에, 영원에.

「오렐리아」에서 이야기하듯이 네르발에게 "현실의 삶 속에 꿈을 쏟아내는 일"은 이중의 움직임으로 구성되어 있다. 과거의 깊이로 회귀하는 움직임과 미래의 심연을 향해 도약하는 움직임. 그것은 유추 법칙의 다양한 굴절을 통해 무한히 반사되는 움직임이다.

보들레르는 우주의 여러 양상을 축소할 수 있게 해준 만물조응의 방법을 이용하여 공간과 시간의 바깥에 자리한 속성 없는 실재를 향했다. 보들레르는 그것을 소유함으로써 영원한 현재라는 에덴동산의 상태를 그의 앞에 복원해냈던 것 같다.

시인이 체험하는 동안 달아나는 시간과 한정된 공간으로부터 세계를 떼어내어 상대적 세계의 범주들 너머에 자리한 차원에 그것을 투영하려고 시도할 때 시인이 지향하는 이 현재는 노발리스에 의해 체험되고 정의되었다.

> 과거와 미래를 녹여서 규정하는 영적 현재가 존재한다.
> 이 혼합물은 시인의 본질적 요소, 자신 고유의 분위기다.

시인이 다가가는 상태는 정신의 모든 가능성을 실행하여 장차 사물들의 실재와 조화를 이루게 되는 상태임을 밝히기 위해 그는 이렇게 썼다.

> 진정한 시인은 전지전능하다. 그는 축소된 진짜 우주다.
>
> (...)
>
> 완전하게 의식이 깨어있는 사람을 견자見者라고 부른다.

이 세 문장은 노발리스가 영적 현재라고 이름한 인식 대상과 그 대상에 적합한 인지 방법, 즉 '천리안'을 가정하고 있다. 그는 천리안이 인간이 가진 총체적 의식의 속성이라고 말한다. 노발리스는 자기가 시인에게 요구하는 의식의 확장에 관해서는 설명하지 않았다. 그가 시인의 한계를 생각했는지 어떤지는 모른다. 그렇지만 다음 네 번째 문장, "모든 비자발적인 행위는 자발적 행위로 바뀌어야 한다."는 그 확장을 정신의 어두운 지대와 빛나는 중심의 통합으로 이해할 수 있게 해준다.

의식의 괴물 같은 전개를 통해 현실적 절대의 비전에 도달하려는 그 야망은 아르튀르 랭보가 그 유명한 1871년 5월 15일의 편지에서 말한 바 있다.

> 괴물 같은 영혼을 만들어야 합니다.

그리고 낱말의 사용에서까지 노발리스와 만난다.

견자여야, 견자가 되어야 한다고 말하겠습니다.

『일뤼미나시옹(*Illuminations*)』의 시인이 구상한 인식 방법이 적용될 대상은 정의될 수 없다. 그것을 지칭할 수 있는 낱말이 없다. 랭보는 "시인은 미지의 것에 이른다."라고 말했다. 속성 없는 실재에 관해 부정적이고 신성모독적인 그 호칭을 발음하기 전에, 랭보는 인식의 열매를 맛봄으로써 일련의 두려운 표현을 통해 감히 그 힘을 대면하는 시인을 환기한다. 그것은 신의 형상으로 만들어진 인간을 지칭하기 위해 성서적 전통이 사용하는 표현과 같다.

> 위대한 환자, 위대한 범죄자, 위대한 저주받은 자 — 그리고 최고의 학자.
>
> (...)
>
> 그러므로 시인은 실제로 불의 도둑입니다.
>
> (...)
>
> 보들레르는 최초의 견자이며, 시인들의 왕이며, '진정한 신'입니다.

시인을 미지의 것에 도달하게 해주고 최고의 학자가 되게 해주는 의식의 확장을 통해 신과 같아지는 것, 그것은 랭보가 자기 자신으로 규정한, '시'에 헌신하기를 열망하는 사람들에게서 그가 식별해냈던 작업이다. 그 작업은 그 작업에 몰두하는 사람을 어떤 의식 상태로 인도해야 하는데, 그 의식 상태에 이르면 공간과 시간의 범주들은 지배력을 상실한다고 그는 거리낌 없이 분명하게 말했다. 그는 미래에 대한 예지에 완전히 사로잡혀 시인을 생각한다.

> 그는 사고의 공식보다, 진보를 향한 자기 발걸음의 예고보다 더 많이 줄 것입니다. 모든 사람이 흡수하는 규준이 되는 기상천외함, 시인은 진실로 진보의 승수乘數가 될 것입니다! 시인들이 시민이듯이 영원한 예술이 그 기능들을 가질 것입니다. 시는 더 이상은 행위에 리듬을 부여하지 않고, 앞서 있을 것입니다.

랭보가 시인에게 예언적 소명 의식을 복원해 주려고 노력했을 때, 그는 그 사실로부터 시인의 체험과 신비주의자의 체험 사이에서 자기가 받아들였던 친연성을 생각했다. 우리는 그 증거를 갖고 있다. 그는 고대 그리스에서 이어져 내려온 오르페우스적 대전통 안에 자기의 이론을 명확하게 위치시켰고, 그에 따라 시인은 우주의 법칙에 입문한 최고의 입문자로 생각했다. 그는 「견자의 편지」 서두에서 선언하고 있다.

모든 고대 시는 그리스 시로 통한다.

그리고 자기의 방법을 설명한 후 이렇게 결론짓는다.

사실 그것은 약간은 그리스 시일 것이다.

스테판 말라르메도 똑같은 순간에 시인의 역할을 '거룩하게 보는 임무를 띤 사람'[12]의 역할로 생각하도록 그를 이끌어줄 실험을 추구했다. 다음 문장에서 공간과 시간에 관련된 틀에서의 해방 의지를 조심스럽게 식별할 수 있을 것이다. 『이지튀르』의 첫 부분은 명확하게 그 주제에 관해서 시작하지는 않았다. 연극의 주인공은 사실상 감각 세계의 불꽃을 소멸시킬 수 있는 자신을 인지하면서도, 대조적으로 밤의 영원한 실재가 나타나게 둔다.

그 자신은 결국, 소음이 사라질 때, 불빛에 입김을 불어서 그림자가 생기게 할 수 있다는 단순한 사실로부터 어떤 커다란 증거(별이 아닐까? 폐기된 우연일까?)를 끌어낼 것이다. — 그다음에는 — 절대에 의해 말을 할

12 「책, 영혼의 악기」, 『여담(*Divagations*)』.

테니 — 그는 불멸을 부인하고 절대는 바깥에 존재할 것이다 — 시간 위의 달은…

스테판 말라르메에게 영원한 현재의 획득은 시적 체험의 언제나 쫓고 쫓기는 목적이었으니, 「에드거 포의 무덤」을 여는 12음절 시구를 보면, 그것은 의문의 여지가 없는 것 같다. 우리처럼 잘못을 범하기 쉽고 유한한 사람인 시인은 죽음을 통해 지상의 삶 동안 힘들게 추구했던 절대 상태로 복원된다.

그 자신 그대로 마침내 영원성이 그를 바꾼다.

스승의 사고에 다가가기 위해 순전히 문학적인 관심사들을 뛰어넘었던 말라르메의 제자들은 그들의 글 속에 말라르메의 이론을 반영했다. 생폴루Saint-Pol-Roux와 르네 길René Ghil에게서 섬광을 통해 영원성으로 높아지는, 그의 조건 자체에 내재한 예지 감각을 하늘로부터 부여받은 시인의 개념을 발견할 수 있다. 생폴루는 다음과 같이 단언한다.

잠재적이고 예지적 상태로 우리 안에서 부화하는 모든 학문은 우리 스스로 모든 것을 알 수 있다. 각각의 사물과 끊임없이 다시 새로워지는 처녀성의 주위에는 지배적인 파노라마가 존재한다. 영원성 속에 잠기는 그 통합적 파노라마 — 시인은 그 파노라마를 통합하는 꽃잎이다 — 안으로 시인이 침투하자마자 그는 최초의 점령자요 입법자이며 왕으로 임명된다.[13]

르네 길의 『시선집(*Choix de Poèmes*)』 서문의 작자가 쓴 글은 이렇다.

길Ghil의 의미를 따르면 시인은 옛날 운명의 인간을 근대의 학자로 연결한다. 게다가 시인을 예언자로 만드는 예지 능력에도 연결한다. 이 시인-예언자의 개념은 영감을 받아 쓴 가장 오래된 시에 나타나 있다. 빅토르 위고가 그것을 찬란하게 재현했다.

가장 오래된 시대에서 나온 이 개념은 빅토르 위고, 랭보, 말라르메와 그의 제자들에게서 다시 새로워져, 현대에는 앙드레 브르통 같은 시인에게서 다시 나타난다. 이 시인은 사고와 삶, 꿈과 행동 사이에서 눈에 띌 수 있는 기이한 유추

13 『발현의 가(假)제단(*Les reposoirs des Processions*)』, I, Liminaire(권두언), Mercure de France.

관계를 우리에게 보여준 『나자(*Nadja*)』에서 이미 『해바라기의 밤(*La Nuit du Tournesol*)』이라는 제목이 붙은 글의 결론을 예감하게 해주었다. 브르통은 이 글에서 그가 쓴 옛날의 시들 가운데 하나를 분석하면서 삶에서 가장 중요한 사건이 여러 해 앞서서 포함되어 있었다고 밝힌다. 초현실주의 이론가에게 결과 없는 사고事故는 전혀 중요하지 않고, 그와는 정반대로 그에게 개인적으로 감동적인 권능의 계시가 중요하다는 것은 분명하다. 그것은 그가 체험 도중에 시적 사고에서 끊임없이 인식하는 권능이다.

그러므로 매우 다양한 시대와 과정을 거쳐 과거와 미래가 귀착되는 영원한 현재를 향한 의식의 접근은 시적 체험의 길이 그 길을 빌리고자 하는 사람들을 인도하는 정신적 장소에 나타난다. 원시인과 어린아이의 의식이 살고 있는 에덴동산의 상태는 신비주의자와 시인에 의해 서서히 정복된다. 그들의 끈질긴 방법들이 장벽들을 흩어지게 한다. 장벽의 안쪽에서는 영원성이 빛을 발산하기를 시작할 수도 끝낼 수도 없으니까.

4. 원시인, 어린아이, 신비주의자, 그리고 시인의 의식은 주관적 실재와 객관적 실재를 혼합한다.

인간의 의식을 신의 의식에 연결하여 신의 경계 없는 우주에 대해 인간의 소우주를 만드는 유추 관계는 그 두 의식이 제각기 표출하는 창조작업 사이에서 탐색된다. 인간의 의식이 생각을 창조하면 그것은 신화적 대상들이 되어 의식이 그에 대립하는 반면, 알 수 없는 신의 의식은 여러 세계를 형성하고 행성들의 경계를 설정한다. 그 생각들과 행성들은 친연성이 없지 않다. 그들은 흘러가 버리는 특성이 있는 같은 부류이며, 둘 다 최초의 원천으로 회귀하게 되어있다. 따라서 우리가 생각하는 것과는 반대로 인간의 의식은 여러 시대를 지나는 동안 인간의 의식에서 나온 생각들과 신의 의식에서 솟아난 대상들 사이에 어떤 구분을 설정하는 법을 배웠을 것 같다.

인간과 인간의 생각들 사이에 끊임없이 존재해온 동일성은 인류 역사 초기에는 인간을 자연에 연결했다. 최후의 원시 종족들에게서 발견되는 분유分有의 정신은 의식과 외부 세계가 상호 침투되었던 융합 상태의 잔재다. 말의 리듬은 우주의 떨리는 현상들과 공감대를 형성하면서 그 현상들을 자신의 영향력 아래 복종시켰다. 그렇게 해서 생각의 세계와 현상의 세계 사이에 마술적 관계가 수립되었다. 원시인은 자연을 자기 정신의 연장으로만 생각했다. 그는 언제나 자연에서 자기 운명에 관한 정보를 읽었다. 구름과 잎의 변화는 그의 의식에 자기의 감정이나 생각의 변화와 관련이 있는 것으로 보였다. 우리가 원시적이라고 부르는 그 정신구조는 여러 문명에 걸쳐 오랫동안 연장되었다. 그렇지만 문명의 노력은 반대 방향으로 나아갔다. 로마인들에게 점술의 역할과 그리스인들에게 델포이 신전 무녀들의 역할이 그것을 증명한다.

중국의 문명처럼 완성된 문명은 정신과 외부 세계의 그 같은 마술적 융합 안에서 출발점을 잡았다. 따라서 중국인들에게 낱말은 그것이 지칭하는 대상의 개념만을 암시하는 것이 아니라 그 대상을 창조하기도 하고 그 대상을 명명하는 사람의 의지에 종속시키기도 한다. 그에 대해서 마르셀 그라네Marcel Granet는 다음과 같이 썼다.

> 이름을 아는 것, 낱말을 말하는 것, 그것은 존재를 소유하거나 사물을 창조하는 일이다. 모든 짐승은 자기 이름을 부르는 사람에게 길든다… 내가 호랑이들을 "호랑이!"라고 부를 때 나는 호랑이들을 내 병사들로 가질 수 있다. 나는 청혼을 위한 정확한 공식을 알고 있다. "그 여자는 내 여자다." 내가 발산하는 저주는 의식적인 힘

> 이다. 그것은 내 상대방을 공격하고, 상대방은 저주를 당하면서 저주받은 현실을 인식한다.[14]

인간의 내면세계와 인간이 살아가는 세계를 구분하는 어려움은 어린아이의 정신구조가 보이는 반응의 기초를 이룬다. 그 기이함은 대부분 원시적 정신구조의 기이함과 혼동된다.

어린아이들은 자기들의 욕망과 의지를 주위에 있는 무생물 대상에 쉽게 제공하며, 본능적으로 요정들과 예지의 세계 안에서 호흡한다.

인간은 인류가 수천 년 동안 경험한 심리적 현상들을 자라면서 짧게나마 재생산하기 때문에 어린 시절에 원시적 정신구조의 양식들을 표출하는 게 아닐까? 노발리스는 그렇게 생각했던 것 같다. 그는 이렇게 썼다.

> 최초의 인간은 최초의 영적 선지자다. 그에게는 모든 것이 정신적 형태로 보인다. 어린아이들은 최초의 인간들이나 다름없지 않을까? 어린아이의 신선한 시선은 가장 뛰어난 선지자의 예감보다 무한하다.

---

14 *La Pensée chinoise*(중국의 사상), La Renaissance du Livre, 1934.

원시인과 어린아이가 주관적 실재와 객관적 실재 간의 자연적 동일성을 본능적으로 받아들인다면, 신비주의자들과 시인들은 자신들의 방법을 통해 자아의 드넓은 확장으로 나아간다. 이때 자아는 그대로 소멸하며, 어떤 대상도 그 진행 과정에서 빠져나가지 못한다. 그들에게 외부 세계의 대상들은 그들의 생각과 뒤섞인다. 그 점에서 생 장 드라크루아 같은 서양의 신비주의자가 감지될 수 있는 사물들에 대한 무관심 규칙을 수립하고자 할 때, 그것은 그의 노력 속에 담긴 인지 작용과 생각에 관한 것이다. 감각의 밤과 정신의 밤은 유일한 운동의 점진적인 국면들이다. 그 운동은 의식이 구성되는 대상들과 의식이 인지하는 대상들로부터 의식이 해방될 때 끝난다.

동양의 어떤 신비주의자들, 특히 불교 신비주의자들은 그들의 사고와 외부 세계의 대상들 사이에 어떤 구분도 하지 않는다. 그들의 눈에는 영원한 자아도, 인지할 대상도 없고, 배경이 없는 일련의 의식적 사상事象들만이 있을 뿐이다. 그것을 파괴한다는 것은, 그 사상들의 운동에서 나온 덧없는 자아가 존재한다고 생각하는 한 감내하는 고통을 파괴하는 것이다.

자기 생각과 외부 세계의 대상들을 구분하지 않는 시인의 의식도 본질적으로 같다. 그러므로 시인에게는 시인의 의식이 느끼는 감정이나 그의 의식이 낳는 성찰에 우주가 함께 참여하는 것처럼 보인다. 낭만주의 시는 자연을 시인의 욕망과 회한에 연결했다. 보들레르의 출현과 함께 감지 가능한 형태들은 상징의 외관을 빌려 입을 것이었다. 인간은 그의 정신과 우주를 동시에 인식하기 위해 그 의미를 해독해야 한다.

'그 누구보다도 자기의 정신을 경작하는' 랭보는 자기 정신의 창작과 자연의 창작 사이에 의도적으로 혼돈을 설정해야 했다. 머지않아 그에게는 '살롱'이 '호수의 밑바닥에서' 형성되고, '꿈의 꽃들'이 숲 기슭에서 꽃망울을 터뜨렸다.

그렇지만 영국에서는 윌리엄 블레이크가 오래전부터 자기 혼자서만 엿보고 있던 현실의 피조물들과 이야기하고 있었는데, 그 피조물들에 대해서 그는 살과 피를 가진 대화 상대자들의 현실에 대해서보다 더 의심하지 않았다.

미국에서는 에드거 포가 「유레카」라는 열정적인 논리학 시론을 썼다. 그 결론은 인간의 마음과 신의 마음을 혼동하여 인간의 마음에 세계를 낳는 능력을 부여하게 했다. 보들레르에 이어 말라르메는 에드거 포의 지적 유산을 이어받아 인간의 의식과 신의 의식 사이에 존재하는 유추 개념을 해석하면서 신의 의식에서 나온 우주가 책을 통해 연장되어야 한다고 주장했다. 그 책의 낱말들은 창작의 결실일 것이며, 인간은 그 창작을 완성해야 할 의무가 있다는 것이다.

독일에서는 노발리스가 카발라 개념의 색채를 띤 마술적 이상주의 이론을 구상했다. 시인은 그 이론에 따라 관념과 말의 창조력을 발견함으로써 사물과 생각 사이에 존재하는 자연적 동일성을 포착하는 데 성공했을 것이다. 그는 자기 생각을 다음과 같이 나타냈다.

> 만약 생각을 간접적으로(그리고 우연히) 인지될 수 있게 할 수 없다면, 거꾸로 외부의 사물들이 직접적으로(그리고 자기도 모르게) 인지될 수 있도록 만드십시오. 다시 말하면, 만약 당신이 생각으로 외부의 대상들을 만들 수 없다면, 외부의 대상들로 생각을 만들라는 말입니다. 만약 어떤 생각이 저 혼자 당신에게서 따로 떨어져서 앞으로 당신에게 생소하게 될 외부의 영혼처럼 당신에게 나타난다면, 외부의 사물들로 반대의 변형을 시행하여 그것들을 생각으로 바꾸십시오.
>
> 그 두 가지 작업이 이상적입니다. 자기 능력 속에 두 가지를 완벽하게 갖춘 사람은 마술적 이상주의자입니다. 그 두 작업의 완성도는 서로 의존적이지 않을까요?

노발리스는 마치 자기 이론을 적용하는 것처럼 이 놀라운 성찰을 기록했다. 그 덕분에 관념과 감각적 형태 사이에 교환이 이루어진다.

> 젖가슴은 신비의 상태로 고양된 가슴이다. ― 정신화된 가슴. 그리고 이런 유의 다른 성찰들.

시인이 자기 안에 지닌 융합된 세계, 그리고 그가 속한 세계는 대부분의 현대 작품들 속에 구현되어 있다. 그러한 단일성의 추구는 초현실주의 작가들이 체계적으로 창안해냈다. 그들은 초현실성을 현실과 상상이 일치하는 상태로 생각했다.

「해바라기의 밤」에서 앙드레 브르통은 이렇게 썼다.

> 그것은 오로지 현실과 상상이라는 두 단어를 연결하는 긴밀한 관계의 증명을 통해서이다. 나는 주관적인 것과 객관적인 것의 구분이 점점 기초가 흔들리는 것 같아 새로운 충격이 있으면 좋겠다.

「자동 메시지」에서는 다음과 같은 결론으로 끝난다.

> 현재 진행되고 있는 모든 실험은 인지작용과 재현이 ― 평범한 성인의 눈에는 전면적으로 대립하는 것처럼 보이는 ― 유일하고 독창적인 능력의 분리적 산물을 위해

서만 유지해야 한다는 사실을 증명하는 성격을 띠고 있는 것 같다. 그 능력은 직관상l'image eidétique[15]으로 설명되며, 원시인과 어린아이에게서 그 흔적을 발견할 수 있다. 진정한 인간 조건을 규정하고자 하는 사람은 누구나 다소 막연하게 그 은총의 상태를 되찾기를 열망한다. 나는 '자동기술법'만이 그 상태로 인도한다고 생각한다.[16] 우리는 주관적인 것과 객관적인 것의 구분이 그 필요성과 가치를 상실하도록 모든 망상으로부터 보호된 상태에서 체계적으로 노력할 수 있다.

***

우리가 시적 체험의 여러 국면에 대해 살펴보는 동안, 인간 의식과 보편의식의 본질적 동일성에 대한 확신보다 유추에 대한 확신이 점점 더 공고해졌다. 우리의 관찰은 그 의식이 생산하는 대상들, 의식이 이르게 된 상태, 또는 인지 방법

15 마르부르크의 야엔슈(E. R. Jaensch)가 창안해낸 용어로서 최근의 기억을 연속되는 이미지처럼 밖으로 투사하는 방식으로 시각화하는 기질을 지칭한다.

16 이 주장은 반론의 여지가 없어 보이지만, 브르통은 오직 영감의 수동적 방법에만 의존한다는 사실을 증명할 뿐이다.

들에 대해 행해졌고, 각각의 관찰에서 우리는 매번 의식을 통합하는 동시에 우주를 총괄하는 무한하게 드넓은 어떤 실체의 임시 소재로 인식하려는 성향을 발견했다. 따라서 시의 제작을 주관하는 신비에 대한 통찰은 세계의 출현을 지배하는 법칙에 대한 통찰로 이끌었다.

그뿐만 아니라 시인이 사용하는 방법을 알아봄으로써 우리는 시인의 기법이 보편의식이 창조와 파괴에 사용하는 힘과 똑같은 본성을 가진 힘을 사용하는 것이라는 사실도 알 수 있었다. 그러므로 시인은 신의 작품이 어떻게 전개될지 예견할 수 있고, 그 완전한 개화를 자기 시 속에 미리 구현할 수 있다. 그가 신의 작품을 연장하거나 완성하려는 야망을 품기까지 그가 나아가는 행로에 대적할 수 있는 것은 아무것도 없다.

이 체험의 처음부터, 자기 제국 전체를 되찾게 해주는 영감에 의해 확대된 인간의 의식은 무한하고 신비로운 힘과 갑작스럽게 같아진다. 그 의식은 이제 한계를 인식하지 않는다. 그런데 만약 그 충만함의 상태가 그에 앞서 있었던 제한 상태로 다시 느껴진다면, 그 상태는 의식 자체에 관한 '성찰'을 통해서만 연장된다. 의식에서 발현된 반영은 시인의 말 덕택에 몸을 갖는다. 시인의 말이 밝은 곳으로 끌어낸 신화적 실재의 본성을 통찰함으로써 의식은 주체도 객체도 생각될 수 없는 밤의 인식에 도달한다. 영감이 시인에게 '모든 것'의 감정을 가져다준다면, 신화의 출산은 그에게 '무'의 감정을 제공하는 것 같다. 그러나 그런 외형은 그것을 생각하는 불구의 지성과 그것을 지칭하는 불구의 낱말들에만 해당된다. 사실 시인의 정신이 향하는 속성 없는 자의식은 존재와 비존재의 이편에만 자리할 수 있다. 지성과 언어는 거기에 적용될 수 없다.

영감은 의식을 경계 없는 밤의 실재와 동일화한다. 시인이 구축하는 신화는 우주의 이미지에 속하며, 그 비밀을 담고 있다. 우주가 창조자의 의식을 반영하듯 신화는 시인의 의식을 반영한다. 신화와 우주 사이에는 시인의 의식과 보편의식 사이처럼 통로가 존재한다.

분석적 사고가 인간에게서 앗아가는 자연과의 일치 상태는 시 작업을 통해 시인에게서 회복된다. 그리고 정신의 처녀성은 언제나 순수한 이상을 가져온 존재들의 그룹 속에 어린아이들, 원시인들, 신비주의자들과 함께 시인을 다시 데려다 놓는다. 우리가 보기에 시적 체험은 인간을 위해 우주와의 화해 수단과 인식 방법을 구성하는 것 같다. 그 덕분에 사물들의 신비는 그들의 진실이 된다.

제7장

시인의 기능

시인의 정신 속에서 찬양되는 신비, 그가 사용하는 단어들에 연관된 신비, 마지막으로 그가 실험하는 내면 상태들, 이들은 그가 체험하는 어떤 양상들과 일련의 우주 현상들이 보여주는 양상들을 근접시키려고 우리가 쏟았던 노력 덕분에 가끔은 아주 식별할 수 없지는 않은 것으로 드러났다.

그렇게 접근시킨 덕분에 시적 행위가 무상의 행위나 놀이와는 거리가 멀고, 아직 자연의 힘들에 쉽게 영향을 받기 때문에 초연할 수 없는 인간에 내재한 것이며, 우주에서 보이는 창조와 파괴의 커다란 운동을 그의 여러 국면 속에 재생산해 낸다는 것을 알게 되었다. 그러므로 시적 행위는 각각의 정신 속에 얼마간 깨어있는 형이상학적 감각을 실행시킨 결과로 간주할 만한 것인데, 그 미치는 범위는 선험적 인식이다. 시적 체험은 사실상 유추 법칙의 메커니즘을 증명하고, 정신과 세계 사이의 본질적 동일성이 그 둘 사이를 소통할 수 있게 한다는 사실을 확인할 수 있게 해준다. 그것은 또한 그것을 실행하는 사람이 대립물들의 동질성의 법칙을 섬광에 의해 인지하도록 이끈다. 시는 그에게 그의 개성이 세계의 모습들 자체와 마찬가지로 덧없는 실재임을 가르쳐 준다. 또한, 실험자가 자신의 노력으로 끌어내는 진공의 의미는 그에게 포착할 수 없는 절대적 에너지의 원천에 대한 직관을 부여해 주는데, 그 에너지와 마주한 우주는 사고를 형성하고 해체하는 정신에 대해서 사고가 그러하듯 비영구적이고 잠재적인 형상으로 나타난다.

이런 결론들은 시대와 작품들을 거치면서 흩어진 하나의 메시지를 다시 취하고 다시 모으게 해줄 뿐이다. 거기에 어떤 대담성이 깃든 것처럼 보인다면 그것은 시인의 획득물과 그것을 실천한 시인들의 주장을 우리가 망각할 때만 그럴 수 있다. 알다시피 고대의 민족들은 신들이 시인들을 대변인으로 선택했다고 의심하지 않았을 정도로 시인들에게 지혜를 부여했다. 다른 한편으로는, 현대에 생겨난 시인이라는 이름에 걸맞은 시인들은 그들의 기법에서 인식 방법의 가치를 고수했는데, 반면 그들 주위에서 그 모든 가능성을 분별해낼 수 없었던 많은 작가는 시를 지적 유희로 사용하거나 심정을 토로하는 데 알맞은 표현 수단으로 깎아내렸다.

자기 체험의 범위에 신념을 가졌던 몇몇 시인들의 증거를 모으는 일에도 무관심할 수 없다. 그 증거들은 그들이 스스로 인식한 역할의 본성과 동시에 그들이 헌신했던 행위의 본성을 명시하도록 우리를 도와줄 것이다.

정신 속에 시적 활동이 일어나자마자 폭발하는 현상들에 대하여 전적으로 몰두하는 것을 보려면 낭만주의를 기다려야 했던 것 같다. 그때까지는 영감과 가치의 문제들이 인식의 과정으로 제기되는 것을 방해할 정도로 순전히 기법적인 문제들이 지배하고 있었다. 낭만주의 세대의 시인들 가운데는 거의 언제나 시 이론가를 겸한 시인들이 있었는데, 그들의 작품은 그들보다 앞선 시적 아포리즘에 하나의 계통을 세우기 위한 목적으로 시행된 실험으로 간주할 수 있다. '시'라는 낱말과 '철학'이라는 낱말이 처음으로 함께 등장하여 서로 바꿔 써도 무방할 정도가 된 것은 바로 이 낭만주의 시대에 이르러서다. 노발리스가 자기 예술의 영향력에 대하여 자문하면서 쓴 글에서 그 두 낱말을 볼 수 있다.

> 시는 철학의 주인공이다. 철학은 시를 원리의 반열에 올려놓는다. 철학은 우리에게 시의 가치를 인식하도록 가르쳐 준다. 철학은 시의 이론이다. 우리에게 시가 무

엇인지 보여주는 것이다. 시는 하나이자 모든 것임을 철학은 우리에게 보여준다.

그리고 시가 대상들 자체를 가리킬 뿐만 아니라 대상들을 연결하는 역선力線들을 나타나게 하여, 마침내는 그 각각의 대상들 배후에서 우주의 원초적 통일성이 드러나게 된다 — 반면에 우리의 한계 이내에 자리한 실재에 대한 직관은 시적 계시의 갑작스러운 섬광 속에서 시작된다 — 는 것을 명확히 밝히기 위하여 노발리스는 다시 이렇게 쓰고 있다.

시는 절대적 현실이다. 시적일수록 그만큼 더욱 진실하다.

『밤의 찬가』의 작가 노발리스는 언어의 미덕들을 부활시켜 평범한 언어가 수행하는 교환의 역할을 넘어 우주의 여러 현상을 본떠 그 조화와 구조를 만들어낼 수 있는 유일한 것이 시인의 시어 속에 있음을 발견한다. 그가 사용하는 시어는 그에 몰두하는 사람의 정신 속에 그것이 담고 있는 비밀들에 대한 직관을 암시해 준다.

진실하게 말하는 사람은 누구나 영원한 생명으로 가득 차 있으며, 그의 글은 우리의 눈에 진정한 신비와 기묘

> 하게 닮아 있는 것처럼 보인다. 그것은 그의 글이 우주의 교향악에서 끌어낸 하나의 화합이기 때문이다.[1]

그는 그 실재들 사이에 매우 완벽한 유추를 구상해냄으로써 제2의 속성들이 마치 거대한 인간의 속성처럼 그의 눈앞에서 베일을 벗는다. 그러한 환시幻視를 마주하면 카발라가 말하는 하늘의 '위대한 인간'을 생각하지 않을 수 없다.

> 대자연의 우발적 성격은 한 인격의 생각에 연결되는 것 같다. 그리고 이 인격은 특히 인간존재로 이해되는 것 같다. 바로 그 때문에 대자연을 진정으로 사랑하는 사람들이 특히 좋아했던 도구가 시였다. 그것은 또한 시편들 속에서 대자연의 정령이 가장 명확하게 표현되었던 이유이기도 하다.[2]

그는 정신과 우주 사이의 유추라는 시적 행위가 담고 있는 절대 인식의 가치에 대해 명확하게 결론짓기 위해 이렇게 쓰고 있다.

---

1 『사이스의 계승자들(*Les Disciples à Saïs*)』, 루(G. Roud)의 번역.
2 위의 책.

사상계의 내적 일관성과 우주와의 조화 덕택에 하나의 사고체계가 저절로 형성되어 우주의 충실한 이미지와 공식이 된다.

우리는 지금까지 시의 여러 양상을 검토함으로써 시가 하나의 행위임을 알았다. 이 행위를 통해 인간 정신은 창조능력을 표출하여 거기에서 자신의 힘들이 반영되는 것을 발견한다. 그리하여 시는 결국 인간의 의식과 보편 의식이 본질적으로 동일하다는 가정을 전제로 했을 때만 인식의 수단으로 확인되었다. 시인들은 저마다 이 동일성에 대한 직관을 표현했는데, 그들의 글을 통해 우리는 그들이 시를 영향력 없는 무상의 활동으로 간주하지 않았다는 사실을 알 수 있었다. 『사이스의 계승자들』에서 노발리스가 이시스의 얼굴을 드러내려 노력하는 탐구자들 가운데 한 사람의 모습으로 등장할 때, 그는 다음과 같이 자신을 표현한다.

오직 한 사람만이 그곳에 이르렀다. 그는 사이스 여신의 베일을 들추었다. 그는 과연 무엇을 보았을까? 그것은 기적 중의 기적이었다. 그는 자기 자신을 보았다.

이 마지막 문장의 울림에 우리가 에드거 포의 「유레카」에서 이미 만난 적이 있는 "그리고 지금 이 거룩한 마음 — 이 마음은 무엇인가? 그것은 우리 자신의 마음이다."라는 문장이 매우 정확하게 대응하고 있다.

이처럼 인간과 하늘의 구조가 동일하다는 명제는 어떻게 보면 여러 시대를 통해 한 시인에게서 다른 시인에게로 던져진 암호가 된다. 보들레르는, "사고의 연금술사들을 위해 만들어진 보편적 종교가 있다. 이 종교는 신의 비망록으로 간주된 인간에게서 나온 것"이라고 했다. 그리고 말라르메는 「음악과 편지」에서 "우리의 인체구조에 복제된 어떤 문장의 탑이나 2행시의 호수는 우리 내부에 통찰과 교감이 개화하도록 도와준다."고 주장한다. 그는 이어서, "미래에 프랑스에서 종교가 다시 생겨난다면, 그것은 우리 각자의 내면에 있는 하늘의 본능이 무한한 기쁨으로 확대된 것이리라."고 덧붙이고 있다.

그러므로 시인들은 그들 고유의 힘을 통해 동양의 지혜가 끊임없이 제기했던 인간에 대한 의문, 곧 "심연 속에 감추어진 태곳적의 그는 그대 마음속에 살고 있다."(카타 우파니샤드)는 말의 비밀을 발견한다. 스핑크스가 모든 수수께끼에 대해 제시한 답은 '인간'이며, 이교도 사원들의 정면 합각合閣에 새겨진 문구는 "너 자신을 알라"이고, 마지막으로 카발라가 우주 비밀의 열쇠로 인간의 소우주와 신의 대우주 사이의 교류를 선택하면서 취한 메시지이다.

이처럼 시인의 의식과 신의 의식이 유사하다는 발견은 관찰자에게 무한한 결과를 안겨준다. 시인이 자신의 신화와 사고 속에서 자신의 정신이 동인動因이 된 행성들과 별들을 인식한 순간부터 그가 자신의 능력에 따라 창조, 보존, 파괴의 신비들을 경험할 수 있다고 생각하는 데 대해 그 어느 것도 더는 이의를 제기하지 못한다.

출구 없는 순환 속에 스스로 갇힌 그는 적어도 자기 체계의 내부에 그 여러 양상을 재현할 수 있으며, 종말로 치달을 수도 있다. 그는 우주의 체커놀이판에서 눈먼 말이 될 필요성을 잠시 물리치고, 이제는 삶과 죽음의 얼굴을 가진 주역들이 있는 게임의 왕자로 군림할 희망이 솟아나는 것을 본다. 인류가 겪고 있는 느린 과정들을 추월하는 시인은 그 과정의 법칙들을 발견하고 실험하여 그 궁극으로 이끌어 가는 방법을 가지고 있다. 우주의 리듬은 사고체계에 잠시 영향력을 행사하지 못하여 사고가 우주의 리듬을 앞지른다. 그때 시인은 혜안자慧眼者로 나타난다.

시인에게 절대적으로 필요하며, 어떤 관념보다도, 어떤 시작詩作 활동보다도 '앞질러' 나아가는 이 가능성은 그를 잔혹한 빛으로 둘러싼다. 그가 지닌 천품의 최초 징후는 그 시대 사람들의 모든 기득권에 대해 그가 표명하는 반항이다. 그는 비순응주의자로서 단호하게 항거하는데, 그가 속한 사회 환경의 자연스러운 반응은 으레 그를 굶주리게 함으로써 반항을 스스로 중단하게 만든다.

시인을 사로잡는 반항의 불꽃과 그에게 고유한 예언의 능력으로 인하여 시인은 모든 영역에서 혁명가가 된다. 그는 자신의 제국에서 벗어날 수 있는 일시적이거나 영적인 나라의 사람이 아니기 때문이다. 그런데도 시인의 운명은 그를 시대의 관습에 굴복시키려고 노력하는 사람들과 그의 도약을 상대적이거나 개별적인 도약과 정확하게 일치시키려고 시도하는 사람들을 좌절시킨다. 그를 굴복시키려는 이 두 가지의 국면 가운데 하나에 성공했다고 해서 그 유혹들 가운데 하나에 빠져든 시인에게서 부분적으로라도 재능의 흐름 자체를 고갈시키는 데 성공한 예는 없다. 그것은 인류가 때로는 멈추었다가 때로는 퇴보하기도 하면서 끝없는 진보를 향해 느린 발걸음만을 옮길 수 있는데 반해, 시인은 그들의 가장 오래된 결과들 속에서 법칙들을 경험할 방법을 가지고 있기 때문이다. 인간 대다수는 이 법칙들의 본성과 결말을 분간할 방법도 갖지 못한 채 법칙들을 감내하고 있다.

인류가 쫓아가기에는 너무도 빠른 인도자인 시인은 자기의 체험을 같이 포기하지 않고서는 자신의 도약을 늦출 수 없으며, 공동체의 느린 진행에 도약을 예속시킬 수도 없는 노릇이다. 공동체에 대해 말하자면, 사람들은 이 공동체가 직접 자리하지 않은 상대적 차원에서 유효한 명령이 고려될 수 있다고 잘못 이해하고 있다. 정신의 예언적 시선에 가치가 분해되는 '현실성'에 대해서도 마찬가지다.

시인의 영역은 여러 현상이 나타나는 장소 안에서 생겨난다. 시인은 관념과 사상事象들 사이에 자신의 시어로 교류의 흐름을 만들어낸다. 그는 관념을 불러내어 사상事象을 수정한다. 그러나 그가 사건들의 우회에 관념들을 따르게 하리라고 그에게 기대하는 것은 역설적일 것 같다. 만약에 사회상황이 그의 창조행위에 파고들어 그것을 좌지우지할 정도로 시인에게 역작용을 일으킨다면, 시는 그 안에 우주의 대 법칙들을 소환하는 일을 멈추고 소설과 똑같이 그 시대의 단순한 자료 구실밖에 하지 못할 것이다. 그리면 시는 그 초월적 사명을 완수하지 못할 것이다.

우리는 로트레아몽의 글에서 그러한 구분을 볼 수 있다. 시의 목적에 대하여 그는 이렇게 논하고 있다.

> 시는 제1의 원칙들과 삶의 부수적인 진실들 사이에 존재하는 관계들을 표현한다. 만물은 저마다 자기 자리에 머물러 있다. 시의 사명은 어렵다. 시는 정치 사건과도, 국민을 통치하는 방식과도, 시역弑逆과도, 궁중의 음모

와도 섞이지 않는다. 시는 인간이 자기 자신과 함께, 자신의 정열과 함께 예외적으로 뛰어드는 싸움들에 대해서 말하지 않는다. 시는 정치이론, 세계평화, 마키아벨리의 반론, 프루동*의 저서들을 이루고 있는 작은 나팔들, 인류의 심리학 등을 구현하는 법칙들을 발견해낸다. 시인은 그가 속한 민족의 어떤 시민보다도 쓸모가 있어야 한다. 그의 작품은 외교관, 행정가, 교육자들의 규범이다. 우리는 호메로스, 클롭슈토크,** 카몽이스,*** 해방된 상상력, 오드의 작자들, 신을 거역하는 신랄한 풍자시 상인들의 시대에서 멀리 떨어져 있다. 공자와 붓다와 소크라테스와 예수 그리스도, 굶주림으로 고통받으며 마을들을 편력한 이 성현들에게로 다시 돌아가자.[3]

로트레아몽이 시인들에게서 간파한 대로, 시어의 비법 덕택에 원리의 세계와 사상事象의 세계 사이에 소통을 가능케 해주는 시인의 기능은 고대 세계가 시인들에게 부여한 역할과 유사하다.

---

* Proudhon(1809-1865), 프랑스의 사회주의자. (역주)

** Friedrich Gottlieb Klopstock(1724-1803), 독일의 시인. 괴테의 『젊은 베르터의 고뇌』에도 언급된다. (역주)

*** Luís Vaz de Camões(1525-1580), 포르투갈의 시인. (역주)

3 「미래의 책에 부친 서문」.

노발리스는 이렇게 말했다.

> 원래 시인들과 사제들은 같은 신분이었는데 후대로 오면서 나누어졌다. 그러나 진정한 시인은 여전히 사제로 남아 있고, 진정한 사제는 여전히 시인으로 남아 있다. 미래에는 옛날 상태로 되돌아가지 않을까?

그런데 사실상 시인의 의식으로 만들어진 신화들을 우주의 여러 현상 속으로 연장된 신화들에 은밀하게 연결하는 교감의 작용, 시인이 관념의 세계와 사건의 세계 사이에서 담당하는 관계, 우리가 인정하듯이 시간의 사이클로부터 영원한 현재를 솟아나게 하는 시인의 능력 등은 시인의 정신을 통해 우리 세계의 범주들과 그것을 벗어나는 이름 없는 실재 사이에 공감의 정신적 장소를 구성하고 있다.

그것은 마치 본질과도 같은 것인데, 이 본질의 의식이 신의 의식과 예외적으로 일치된 경우이다. 이 '본질'은 빅토르 위고가 시인에 대하여 말하면서 넓은 의미로 사용한 것이다. 그는 그 임무를 다음과 같이 정의했다.

> 다른 것으로 우주를 완성하기, 한쪽의 모자람을 다른 쪽의 넘침으로 채우기, 여기에서는 자유를, 저기에서는

> 학문을, 또 다른 곳에서는 이상을 확장하기, 신비한 힘을 교환하기, 지구 중심에 존재하는 융해 금속을 행성에 가져다주기, 한 체제의 다양한 세계를 조화롭게 만들기, 뒤처진 사람들을 재촉하기, 창작활동들을 교차시키기, 이런 신비로운 기능은 존재하지 않는 것일까? 이 기능은 그들도 일부는 서로 모르는 어떤 선택된 사람들이 일시적으로 인간세계를 지나치면서 자신들도 모르는 사이에 채우는 것이 아닐까? 영혼이라 불리는 신의 동인動因인 어떤 원자原子가 한 태양인이 지상의 인간들 사이를 오가게 하는 일을 하지 않을까? 꽃의 원자는 존재하는데, 별의 원자는 어찌하여 존재하지 않는 것일까? 이 태양인이란 때로는 혜안자이고, 때로는 선지자이며, 때로는 기적을 행하는 사람이고, 때로는 항해자이며, 때로는 건축가이고, 때로는 점성가이며, 때로는 입법자이고, 때로는 영웅, 때로는 시인이다. 인류의 삶은 그들에 의해 진행될 것이다.[4]

빅토르 위고는 이 점에 대하여 「선지자들(Les Mages)」이라는 제목의 시에서 자기 생각을 밝혀 놓았다. 이 제목은 그가

4 『윌리엄 셰익스피어』.

시인에게서 인식하는 사명의 본성을 강조한 것이다. 이 작품의 전체적인 의미에 따르면 시인은 예외적 존재로 제시되어 있다. 시인의 모든 능력은 자연의 법칙들과 조화를 이룬다. 그의 정신은 인간의 의식을 신의 의식에 연결하는 하나의 매개 고리를 이룬다.

그대들은 도대체 무엇 때문에 사제가 되려 하는가?
그대들 가운데에 사제가 있지 않은가?
존재들을 안내하는 정신들은
어둡고 달콤한 기호를 지니고 있다.

(...)

날갯짓하는 사람들,
이 사람들은 바로 시인들이다.
모든 불안한 입들이
떨리는 언어로 열린다.

(...)

자연의 심오한 의식儀式들이여!

이 영감에 찬 몇 사람은
검은 산과 신성한 숲의
기이한 모험을 받아들인다.

(...)

그렇다, 이 지고의 사람들 덕택에,
시의 제단을 건설하며
마음을 반석으로 삼은
이 승리하는 시인들 덕택에,
보편적인 영혼의 강물처럼
하얀 거탑[*]으로부터 룬 문자[**]까지,
브라만으로부터 로마의 제관까지,
엘레우시스[***]의 사제로부터 드루이드[****] 신관까지,
일종의 신의 정기가
인간 종족의 핏줄 속에 흐르고 있다.

---

* 이집트 신전 입구의 탑문. (역주)

** 고대 북유럽의 문자. (역주)

*** 고대 그리스의 신비 의식을 치르는 곳으로 여신 데메테르와 그의 딸 페르세포네의 성지이다. (역주)

**** 드루이드교는 켈트족의 종교로서 신관들은 신의 의사를 전달하면서 정치, 입법, 종교, 의술, 시, 점술, 마술 등을 행했다. (역주)

시인의 기능은 빅토르 위고가 묘사한 대로 정신의 총체적 전개 양식으로 간주된 '시'의 일반적 개념에서 생긴다. 낭만주의자들은 선대로부터 물려받은 장르들의 분류를 거부함으로써 시가 물러났던 영역들을 다시 정복할 수 있었다. 그들은 여러 세기 전부터 억눌려온 하나의 음성을 그들의 내면에서 들을 수 있었다. 이 음성은 청중으로서의 인류, 울림의 장으로서의 우주를 요구했다. 이성의 힘이 인간에게 인식의 대상으로서의 절대를 제거하는 것을 금했던 반면, 진리에의 제한 없는 접근은 경험에서 비롯하는 것으로 보였다. 이 경험의 와중에 과거와 미래는 대립하기를 멈추었다. 1854년 10월 22일, 빅토르 위고는 「무덤의 그늘」에서 "내 무덤 속에는 무엇이 있게 될까? 예언자일까, 시인일까?"라는 의문을 제기했다.

약 15년 후, 이 위대한 시인의 메시지는 아르튀르 랭보의 「견자의 편지」까지 연장되었다.

> 견자가 되어야 한다고, 자신을 견자로 만들어야 한다고 말하겠습니다… 영원한 예술은 시인이 시민일 때 그 기능을 지닐 것입니다. 이제 시는 행위에 리듬을 붙이지 않을 것입니다. 시는 '앞질러' 갈 것입니다.

다른 한편으로는 보들레르와 더불어 우주는 수수께끼가

풀리고 상징이 되었다. 그 만물조응萬物照應의 이론에 힘입어 '어둡고 심오한 합일'이 밝혀질 수 있었다.

그러나 인간이 세계를 파악하려는 노력 속에서 인간의 체험 자체로 간주된 시적 체험에 대한 확언은 스테판 말라르메의 작품에서 가장 강조된 표현을 찾아볼 수 있다. 시인들의 기나긴 계보를 이어받은 말라르메는 "문학은 존재한다. 그리고 그것이 유일하기를 바란다면 모든 것을 배제할 수도 있다."[5]는 결론에 이르렀다.

그는 사실 '시'에서 우주의 양상들을 연결하는 관계들을 포착하는 방법을 발견했으며, 유추 작용으로 '세계를 마음대로 확장하고 단순화하는' 방법을 발견하였다. 그에 따르면 시인은 언어의 미덕에 힘입어 '모든 다른 것으로부터 완전히 떨어져 어디나 존재하는 선'을 솟아나게 하여 '이데아'의 그림자를 그려냄으로써 힘을 벗겨낸다. 우리의 우주는 그 힘의 투사된 환영일 뿐이다.

현대의 초현실주의는 그 취약한 이론에도 불구하고 결국 이율배반적인[6] 실재들, 특히 의식의 중심을 정신의 모호한

---

5 이후 강조된 모든 문장은 「음악과 편지」에서 발췌한 것임. 단, 이 장의 마지막 문장은 『여담』에서 가져온 것이다.

6 '어느 면으로 보나 정신 속에는 삶과 죽음, 현실과 상상, 과거와 미래, 소통 가능한 것과 소통 불가능한 것, 높은 것과 낮은 것이 반대의 것으로 인지되기를 그치는 어떤 하나의 점이 존재한다고 믿을 수밖에 없다. 그런데

주변에 대립시키는 구분을 해결하는 하나의 시도로서 제시되어 있다. 초현실주의는 그 내면의 밤에 쏟은 노력으로 인하여 낭만주의적 전통의 계보 속에 자리를 차지하고 있다. 그 결과들을 살펴보면, 인간이 지금까지 무시해온 정신의 영역들이 시인의 노력으로 그들에게 발견되었던 것 같다. 이러한 발견은 또한 정신의 한계 이외에는 다른 한계들을 알아내지는 못한 것 같다. 정신의 경계들은 우리가 가까이 다가가려 시도할 때마다 저 만큼씩 물러난다.

***

현상들은 — 이 현상들의 총체가 시적 활동을 구성한다 — 언제나 함축적인 은유의 내부에 새겨진 변이체로 우리에게 제시되었다. 이 은유는 인간을 끊임없이 하늘에 연결한다. 시적 창조의 여러 국면은 인간 의식의 단계에 따라 인지할 수 없는 신의 의식에 옛날의 우주론들이 전가했던 우주의 발현과정을 재생산한다. 따라서 옛날 우주론의 가설들이 진실임

초현실주의의 활동에서 그 점을 결정하려는 희망 외에 다른 동기를 찾는다면 그것은 헛된 일이다.'-앙드레 브르통, 「초현실주의 제2선언」, Kra, 1930.

에 따라(게다가 그 가설들은 과학으로 날마다 증명되고 있음을 우리는 알고 있다) 시는 끔찍한 수수께끼의 직접적인 자각으로 제시되는 결과를 낳는다. 우주의 흐름 속에 휩쓸린 우리의 삶이 그 수수께끼에 제기된다.

그 고유의 목적과 무관한 모든 필연성이 제거된 시적 체험은 우주를 인간의 크기에 맞게 축소하고자 하는 여러 활동과는 반대로 인간의 의식을 하늘의 크기로 확장하는 방향으로 작용한다. 시적 체험은 인식의 수단이다. 그 적용은 다른 모든 것들이 들어 있는 객체에 대하여 주체의 모든 기능을 실행함을 상정한다.

별의 심연 — 그 깊이는 시인 자신의 심정의 깊이와 뒤섞인다 — 을 향한 감시자인 시인은, 발뱅Valvins의 몽상가*에 따르면, '자신이 동화되는 하늘과의 거래'를 추구한다.

---

* 말라르메를 말함. 발뱅은 1874년부터 말라르메가 임대하여 살았던 집이 있는 곳으로 센 강과 숲 사이에 있다. 그 집이 지금은 말라르메 박물관이 되었다. (역주)

‖ 옮긴이의 말 ‖

지금도 그때의 기억이 생생하다. 강원도 최전방 철책에서 근무할 당시 북한 땅을 앞에 두고 읽었던 시 한 편. 그 시는 내 삶의 방향을 결정지었다. 하지만 나는 그 시가 실렸던 잡지도, 누구의 번역이었는지도 기억하지 못한다. 다만 그 시의 작자가 대학 시절에 익히 들었던 말라르메(이름만 알고 있었지 시인에 대해서는 배운 것을 거의 기억하지 못했다)이며, 제목은 「바다의 미풍」이었다는 것만 각인되었다. 당시의 내게 문학은 꼭 필요하진 않지만 그냥 보관해둔 서랍 속 물건들처럼 애써 찾아야 할 가치 있는 대상이 아니었다. 물론 지금의 나는 그 철책에서의 짧은 독서를 운명이라 생각할 만큼 시가 주는 궁극의 맛을 알아버렸고, 특히 고통스럽게 써졌을 시구들을 접할 때면 경외심마저 느낀다. 어쨌든 그 시는 전율과 함께 거센 충격으로 나를 몰아넣었다. 아마도 내 문학적 지식이 백지에 가까운 상태였기에 가능했을 경험이라는 생각이 든다. 물론 그것은 사고가 미처 작동하기 전에 일어났다. 관념을 육화하는 언어의 단계에서, 그것도 번역어의 단계인데도 존재와 우주의 기운을 느끼기에 충분했다. 그것은 시인이 아니라 시를 읽는 독자로서 내 최초의 '시적 체험'이었으며, 앙리 베르그송의 이른바 '생명의 약동(élan vital)'에 견줄 만한 것이었다.

그 후 석사과정에서 접한 이 책은 그때의 시적 체험을 자상하게 설명해 주는 듯하여 매우 반가웠지만, 석사과정의 불문학도에게는 너무나 어려운 책이었다. 지극히 현학적인 문체여서 우선 문장을 제대로 보는 것부터 어려웠고, 내용도 관념적이어서 의미를 파악하기 위해 머리를 쥐어짜야만 했다. 전공을 소설로 정한 나는 프랑스 유학 시절에는 이 책을 생각지도 못했고, 대학 강단에 선 뒤에는 비정규직의 삶이 버거웠다. 그래도 이따금 생각날 때마다 뒤적이고 넘겨보았다.

그렇게 많은 시간이 흘렀고, 우리는 지금 책이 받아 마땅한 존중을 스마트폰에 내어줘 버린 시대에 살고 있다. 사람들은 책을 읽지 않는다. 시를 읽지 않는 시대다. 꿈꾸듯 문학을 소비한 세대가 아니더라도 시가 주는 기쁨을 아는 이들에게는 너무나 안타까운 일이다. 더구나 프랑스 시론은 말해 무엇할까. 언제 접했는지도 기억이 가물가물하다. 이제는 시를 읽어야 하고, 책을 읽어야 하는 시대로 넘어가고 있다. 이 책을 감히 번역해야겠다고 용기를 낸 이유다. 물론 어려웠다. 최선을 다했지만 오류가 적지 않으리라 생각한다.

저자 앙드레 롤랑 드 르네빌은 프랑스 투르의 귀족 가문에서 태어났다. 그의 어머니는 살롱을 주관하며 아나톨 프랑스를 비롯한 많은 음악가, 예술가와 교유하며 신비술과 교령술에 탐닉했다고 한다. 르네빌의 신비적 성향은 아마 어머니의 영향이었을 것 같다. 스무 살에 작은 시집 『이별에서 망각으로』(1923)를 내며 문단에 데뷔했고, 법학을 공부하던 2년 뒤에는 『그녀를 위해』(1925)라는 시집을 출판했으며, 이듬해에는 필립 수포가 서문을 쓴 시집 『그려진 암흑』(1927)을 냈다. 그리고 르네 도말René Daumal과 로제 질베르-르콩트Roger Gilbert-Lecomte를 만나면서 그들이 창시한 전위적 문학운동 그룹 〈르 그랑 죄(Le Grand Jeu)〉의 핵심 멤버로 활동했다. 그가 2년 후 시인 랭보에 관한 연구서인 『견자 랭보(Rimbaud le Voyant)』를 출판하자 찬사와 비난이 동시에 쏟아지며 평단이 주목하기 시작했다. 그는 이후 20년 동안 시 창작을 그만두고 시론을 썼는데, 1938년에 출판된 『시적 체험, 혹은 언어의 은밀한 불길』은 그가 펼친 시론의 정수를 담은 책으로 평가된다. 그는 1946년에 『밤, 정신』이라는 시집을 내며 시단에 복귀했다.

언어의 신비에 매료된 시인, 순수한 침묵 속에 자신이 소멸되기를 원하는 신비주의자, 이들 사이에 존재하는 관계를 연구하는 일이 르네빌의 평생 과제였다. 『견자 랭보』로 시작된 그의 연구는 『시적 체험』에서 절정을 이룬다. 그의 연구 전체가 이 책 속에 종합되어 있다고 해도 과언이 아닐 것이다. 그는 이 책에서 제라르 드 네르발에서 시작하여 노발리스, 에드거 포, 보들레르, 랭보, 말라르메, 앙드레 브르통에 이르기까지 현대시의 정신적 계보를 밝힘과 동시에 그들의 정신적, 형이상학적 문제들을 깊이 천착한다. 의식과 무의식의 관계, 시인이 신화와 상징을 창조할 때 시인의 내부에서 일어나는 유추적 사고의 작동 과정이 소상하게 서술되어 있다. 낭만주의 이후 시가 우주의 비밀을 꿰뚫어 보고, 의식이 감각계 너머 존재하는 세계로 들어가, 직관을 통해서만 인지되는 영적이며 비밀스러운 실재와 만나기 위해 어떤 노력을 기울이는지 보여준다.

저자는 서문에서 말한다. 고대 철학이 주장하는 것처럼 우리 인간이 말씀으로 형성된 일종의 꿈에 지나지 않는다면, 우리 덧없는 존재의 내부 구조는 우리를 구상한 실재의 구조와 유사할 것이라고. 그래서 우리는 창조주의 능력을 소유한 인간의 소우주 개념에 이르고, 세계의 출현과 소멸에 관한 메커니즘의 비밀을 유추 법칙을 통해 파헤칠 수 있을 것이라고.

시인은 신이 우리를 꿈꾸었던 방식대로 자기 꿈을 만들어 간다. 우리의 의식이 신에게 다가가거나 신을 마주하기는 불가능하지만, 사고를 통해 인식하는 일까지 불가능하지는 않다. 그러므로 우리는 인식을 통해 세계의 창조과정을 이해할 수 있을 것이며, 그것은 결국 신과 동등해지는 일이 된다. 저자는 '이해하기 위해서는 동등해져야 한다'는 세간의 경구를 '동등해지는 것이 이해하는 것이다'로 뒤집어 말하며 신의 세계와 동일한 시인의 세계를 탐색한다.

르네빌은 제2장 〈말〉에서 언어를 '지적 세계에서 물질의 세계 속으로 이행해가는 관념의 굴절'이라고 정의한다. 언어는 관념의 육신으로서 관념을 구현한다.

> 육체는 슬프다, 슬프도다! 그래서 나는 모든 책을 읽어버렸네.
> 달아나리라! 서 멀리 달아나리라! 나는 느끼노라
> 미지의 물거품과 창공 복판에서 새들이 취해 있음을!
> 그 무엇도, 눈에 비치는 오래된 정원도
> 바닷속에 젖어 드는 이 마음 붙잡지 못하리니
> 오 밤이여! 백색이 수호하는 빈 종이 위
> 내 등불의 황량한 밝음도,
> 아이에게 젖먹이는 젊은 아내도.
> 난 떠나리라! 너의 돛대를 흔드는 기선이여
> 이국의 자연을 향해 닻을 올려라!
> 잔인한 희망으로 오뇌하는 권태는,
> 아직도 손수건의 마지막 작별을 믿느니!
> 그래서, 어쩌면, 폭풍우를 불러들이는 돛대들은

바람이 난파 위로 기울게 하는 돛대들 같은지도 몰라
길을 잃고, 돛대도 없이, 돛대도 없이, 비옥한 섬들도 없이…
하지만, 오 내 마음이여, 뱃사람들의 노래를 들어라!

-스테판 말라르메, 「바다의 미풍」 전문

앙드레 롤랑 드 르네빌 André Rolland de Renéville

프랑스의 시인이자 평론가. 1903년 투르 출생. 시집 『이별에서 망각으로』(1923), 『그녀를 위해』(1925), 『그림으로 그린 암흑』(1926), 『밤, 정신』(1948) 등이 있으며, 1927년에 르네 도말과 로제 질베르-르콩트를 만나면서부터 그들이 창시한 전위적 문학운동 그룹 〈그랑 죄(le Grand Jeu)〉의 핵심 멤버로 활동했다. 랭보에 관한 그의 연구서 『견자 랭보』(1929)가 출판되자 초현실주의 시인들의 집중적인 관심을 받았고, 루이 아라공, 앙드레 브르통, 폴 엘뤼아르 등과 교류하기 시작했다. 프랑스 문학 잡지 등에 500여 편의 시론(詩論)을 썼으며, 『시적 체험, 혹은 언어의 은밀한 불길』(1938)은 그의 정수를 담은 책으로 평가된다. 1962년 8월 23일, 그리스 여행 중에 사망했다.

옮긴이 **송덕호**

전북대학교 불어불문학과와 동 대학원을 졸업하고 프랑스 낭시 2(Nancy II)대학교에서 문학박사 학위를 받았다. 번역서로 『어린 왕자』(생텍쥐페리), 『벨아미』(모파상), 『담론의 장르』(토도로프) 등 10여 권이 있고, 저서로 『한국문학 속의 세계문학』, 『대중문학의 이해』 등 10여 권과 다수의 논문이 있다. 현재 전북대학교 혁신교육개발원 교수로 재직하고 있다.

시적 체험 혹은 언어의 은밀한 불길

지은이 롤랑 드 르네빌
옮긴이 송덕호
펴낸이 김동원
펴낸곳 전북대학교출판문화원

초판 1쇄 인쇄 2019. 12. 24
초판 1쇄 발행 2019. 12. 30

전북대학교출판문화원 전라북도 전주시 완산구 어진길 32 (풍남동2가)
전화 (063) 219-5321~2
FAX (063) 219-5323
출판등록 2012년 8월 20일 제465-2012-000021호

값 15,000원

ISBN 979-11-6372-066-9 93860

이 도서의 국립중앙도서관 출판예정도서목록(CIP)은 서지정보유통지원시스템 홈페이지(http://seoji.nl.go.kr)와 국가자료종합목록 구축시스템(http://kolis-net.nl.go.kr)에서 이용하실 수 있습니다. (CIP 제어번호 : CIP2019052099)